粮食和物资储备

改革发展研究

国家粮食和物资储备局
软科学评审专家委员会

人民出版社

编 委 会

编委会主任

黄　炜

编委会副主任

颜　波　陈玉中　赵广美　王世海　刘珊珊

执行主编

王世海　刘珊珊

编辑

高丹桂　崔菲菲　胡耀芳　张慧杰

目 录 | CONTENTS ▶

第一篇　全面加强粮食安全治理制度体系建设

加强执法能力建设　推进依法管粮治粮 ……………………………… 3

中国古代粮食立法的借鉴与启示 ………………………………………… 7

准确把握建党百年来粮食安全治理规律

　　推动提升新形势下粮食安全保障能力 ……………………………… 13

国家储备垂管系统所属企业经营定位及治理体系研究 ……………… 19

打造长江三角洲地区粮食安全一体化保障体系升级版的建议 ……… 22

落实党政同责强化粮食安全责任考核的思路建议 …………………… 28

第二篇　加快推动战略和应急物资储备体制机制改革

构建统一高效国家储备体系的主要思路和实现举措建议 …………… 35

粮食、石油和战略性矿产资源安全领域或将面临 10 大风险挑战 …… 40

新能源汽车发展带动锂消费快速增长

　　建议增强锂储备保障锂资源供应安全 ……………………………… 47

建设国家粮食和物资储备系统风险隐患双重预防体系 ……………… 53

加快推动省域应急物资储备体制机制改革——以江苏省为例 ……… 58

加快实现西部地区国储仓库数字化转型 63

推进长三角地区战略和应急物资储备保障高质量一体化发展 67

新形势下国家储备通用仓库改革的建议 71

加强粤琼两省中央应急物资储备建设　提升应对急需能力 74

第三篇　深入推进优质粮食工程

打造优质粮食工程升级版　推进饲料粮产业高质量发展 81

拓展深化"五优联动"湖州模式　推动打造优质粮食工程升级版 87

发展特色粮食产业　加快产业集群建设　助推乡村振兴发展 93

把握 RCEP 和自贸港机遇　加快推动海南粮食产业高质量发展 99

推动新疆粮食产业融合发展　提高区域粮食安全保障能力 104

推动"四链融合"　助力粮食产业高质量发展 111

着力打造优质区域粮食品牌　推动粮食产业提质增效 117

第四篇　全面提升粮食收储调控能力

我国大豆供应链安全面临新挑战　必须综合施策保障供应安全 125

探索玉米基差交易　更好发挥国家交易平台宏观调控作用 130

优化粮食安全保障体系　持续提升粮食产购储加销协同保障能力

　　——河南省"十四五"时期粮食安全面临的问题与对策研究 135

进一步提升黑龙江省保障国家粮食安全效能 140

提升粮食储备应急保供能力　切实保障边疆民族地区粮食安全 145

第五篇　着力提高管粮管储效能

聚焦"五优联动"　强化"优粮优储"　全力保障成品粮储备安全...153

建立粮食加工企业社会责任储备制度

　推动形成政府储备与企业储备互为补充的粮食储备新格局......159

建立完善粮食安全保障央地协同机制

　提高防范粮食安全风险能力和保障水平..................165

加快补齐信息化建设短板弱项　筑牢地方粮食储备监管防线......169

建立健全在地监管体系　确保中央储备粮安全..................174

建立健全粮食全产业链质量监管体系

　进一步夯实国家粮食安全基础..................179

加强监管提升中央储备粮效能需要解决的几个问题.....................184

提高青藏地区储粮效能　服务国家粮食安全大局..................188

强化粮食储备安全监管制度建设　坚决守住管好"天下粮仓"....192

第六篇　有效促进节粮减损

服务粮食绿色仓储提升行动　加快绿色仓储能力建设..................199

山东城市居民食品浪费行为调查..................205

以绿色储粮技术推进粮库节粮减损提质增效——以河南省为例...210

加快推进全链条节粮减损　持续构筑"无形粮田"..................214

减少粮食产后损失浪费　切实增强国家粮食安全保障能力.........220

后　记..................226

第一篇
全面加强粮食安全
治理制度体系建设

加强执法能力建设
推进依法管粮治粮

党的十八大以来，粮食安全保障立法步入了快车道，《粮食安全保障法》《粮食流通管理条例》《粮食储备安全管理条例》"一法两条例"将构成确保粮食安全的法律基本框架。包括《粮食质量安全监管办法》在内的部门规章和包括《粮食储备管理问责办法（试行）》在内的规范性文件，进一步细化了依法管粮治粮的相关规定，增强了实践中的可操作性。通过对 22 个省份粮食行政管理部门的内设机构、专职人员、行政执法等方面的情况进行调查统计，分析粮食系统依法管粮治粮存在的问题与原因，提出加快实现依法管粮治粮的对策建议。

一、调研反映的问题

（一）**执法力量不足**。一是执法人员缺口增大。调研发现，县市级粮食行政管理机构人员大幅压减，且编制不足，人员数量与工作任务不匹配，难以完成好辖区内的监管工作。二是从业人员法律职业素养和技能不足。专职执法督查人员多为新手上路，或由其他业务人员兼顾执法。22 个省份的省、市、县三级政策法规机构，通过法律职业资格考试的人员比例不高，基层专职政策法规人员缺失情况突出。

（二）**执法力度不够**。粮食行政管理部门的执法零散化、局部化、碎片化，依法治粮依然有待加强。一是办案数量和人员配比不合理。基层办案多，专职执法督查人员少。二是部分地方执法不严。部分案卷内容不规范，记录不完整、不细致，数字化程度不高，归档不及时或没有建档。部分地区作出重大执法决定时缺少法制审核步骤，重大执法决定容易引发行政复议或行政诉讼。

（三）**法治观念不牢固**。一是原有粮食流通管理工作政策性强，习惯用计划和政策管理治理粮食行业，依法管粮治粮基础不规范，多数管理人员缺乏法治思维和法治经验，有时存在有法不依情况，部分执法人员仍旧不敢执法、不会执法。二是根据法治政府建设部署，粮食行政管理也聘请兼职法律顾问参与行政决策、涉法案件处理及相关事务，但聘请的法律顾问存在兼职过多、更换频繁、专业不熟等问题，难以真正提供专业法律支持。三是在粮食法治工作队伍培养方面，缺乏法治高端智库和研究教育基地的支持，缺少法治培训，不利于法律法规宣贯和施行落地。

二、对策建议

（一）**积极推进粮食立法修规**。以习近平法治思想为引领，找准粮食行业法治建设工作着力点。尽快出台《粮食安全保障法》《粮食储备安全管理条例》，为依法管粮治粮奠定基础。借力"一法两条例"，推进地方粮食安全保障、流通管理和粮食储备安全管理等领域立法修规，健全粮食安全管理法律制度体系，以良法善治保障粮食行业健康发展。加强和规范粮食领域共同行政行为立法，研究制定行政执法监督相关规定，推进执法机构、职能、权限、程序、责任法定化。严格执行规范性文件起草论证、征求意见、合法性审查、公平竞争审查、风险及制度廉洁性评估、公开发布与备案等工作流程。建立粮食行政管理部门工作人员应知应会法律法规清单，坚持把"一法两条例"作为粮食领域行政决策、行政管理、行政监督的重要标尺。

（二）**强化依法管粮治粮力量**。一是优化粮食法治部门人员配置。优化粮食法治工作职能设置、明确职能定位，把依法行政放在更突出位置，保障人员、经费等与发挥职能作用相适应。二是规范粮食行政执法。全面梳理、规范和精简粮食领域执法事项和程序，严格落实行政执法公示、全过程记录、重大执法决定法制审核制度。统一执法人员资格管理，由国家粮食和物资储备局和各级政府统筹资格考试、证件制发、在岗轮训等工作。统一规范行政执法案卷和文书标准、文书送达制度。落实行政裁量权基准制度，细化量化本地区各行政执法行为的裁量范围、种类、幅度等并对外公布。

（三）**大力开展法治宣传教育**。加强对"一法两条例"和相关省级配套制度的解读，全面提高涉粮法律法规知晓度。加强粮食领域法治理论研究，鼓励相关高校成立粮食法治高端智库和相关的研究教育基地，培养粮食行业法治人才，在专家库中吸收法律专家，提升依法管粮治粮专业化水平。组织粮食行政管理涉法人员参加案例旁听庭审，创新营造学法研法和法治交流氛围，加强以案释法教育。

（来源：国家粮食和物资储备局法规体改司承担的 2021 年度国家粮

食和物资储备局软科学课题《关于加快实现依法管粮、依法治粮的路径和机制研究》。课题负责人：韩继志、石少龙，课题组成员：单奕铭、穆中杰、曾晓昀、许莹、刘森、宋凯强，中国粮食研究培训中心唐安娜摘编，王世海审核）

中国古代粮食立法的借鉴与启示

粮食安全、能源安全、金融安全、信息安全是世界各国高度关注的四大经济问题，粮食安全是治国安邦的头等大事。中国数千年文明有许多关于粮食的法令，研究过程中选取有代表性的先秦、汉、唐等时期进行梳理和评价，供粮食安全保障立法参考。

一、中国历史上有关粮食法令的沿革

（一）**先秦时期的粮食法令**。早在舜执政时期，人们就把粮食作为"六府三事"之一。在此基础上，衍生出"洪范八政，食为政首"之说，形成了重农足食之制。普通百姓违反该制度，要受到"出屋粟"程度不等的处罚；国君违反该制度，则可成为遭天下讨伐的理由。据《尚书·汤誓》记载，商汤伐桀的理由之一就是夏桀夺民农功，而行割剥之政。西周时形成了较为完善的贯彻重农足食之制的粮政体制，分别设置了遂人、遂大夫、遂师、廪人、遗人、舍人、舂人、饎人、槁人、司禄、司稼等农官，负责生产、储备、消费等环节的粮政事务，即粮食管理部门的分工。夏朝时制定了按照距离京都远近缴纳粮食的精细标准，并开始使用斗作为计量单位；仓储管理方面，秦国制定了专门的《仓律》，确定了缴纳粮食的标准。

（二）**始于强汉的常平仓制度**。历史上将仓储制度与治国理政、国计民生紧密联系在一起的"籴粜敛散"之法始于管仲和李悝。"管仲之意兼主于富国，李悝之意专主于济民。"二者仅是出发点不同而已。汉武帝时期，桑弘羊继承并发展"籴粜敛散"之法，创设平准法，对平抑物价、稳定市场起到了良好效果。汉宣帝执政时期，全国粮食连年丰收，出现"谷至石五钱，农人少利"的现象。在此背景下，时任大司农中丞耿寿昌提出设置"常平仓"的建议。西汉创设的"常平仓"制度为后世多数政权所继承。其中，西晋政权在泰始二年以诏令形式强推常平法的做法多为后世效仿。北宋之后，常平仓制度开始完备。比如，规定了粜籴价格的比例、对常平仓的区域布局进行了规定、调整了确定粮食储备数额办法。清代常平仓实行属地管理，州、县具体负责售卖存粮、平抑粮价、粮谷粮种借贷和慈善赈济。

（三）**兴于盛唐的漕运法律制度**。漕运制度具有利用水流运输物资的生产技术和国家征税组织方式的双重属性。隋朝以前，漕运法令主要涉及赋税、军事两个领域。隋朝以后，漕运法令的适用范围发生了重大变化，成为隋政权治国理政的重要方式。唐高宗以后，随着漕运逐渐发达，制定专门的漕运法令愈来愈迫切。唐玄宗后期至唐代宗时期，漕运专门法令开始出现并定型。综合来看，唐代漕运法令主要内容可以归纳为六个方面：负责漕运的职官成为常设职务，建立了相对固定的时限准则，规定了相对固定的漕运额度，建立了相对成熟的运输规范，建立了严格的仓储管理规范，建立了严格的河道管理规范。唐代漕运法令在其初期和鼎盛时期，起到了调节食货、强国利民的积极作用，但后期伴随着国力衰退，漕运法令逐渐凸显了攫取资源、上下争利的负面作用，成为统治者巩固统治地位的物资保障工具，构成唐末社会矛盾激化的重要因素。宋代承袭了唐代漕运法令的体系与内容，除把法令作为漕运制度主要运行依据外，还在漕运人员、漕运载物、漕运奖惩等方面丰富了法令的制度内容。可以说，在唐代兴起的漕运法令，在宋代得到了巩固和发展，为元明清三代漕运法令的发展奠定了坚实基础。

（四）**古代粮政的节约赈灾法令。**我国古代粮政史上出现了许多厉行节约、施粥养恤、赈灾救济等方面的法令。每当遇到粮荒，封建君主们的应对措施之一就是下诏"减膳"，通过公开宣布减少粮食消费展现政德，表达与臣民共渡难关的决心，巩固统治基础。遇到灾荒，下令禁酒也是历代政权的通常做法。与禁酒令相配套，还规定了罚款、没收酿酒器具、没收酿酒收入等处罚措施，有的甚至对严重违反者处以死刑。当灾荒来临时，古代政权把施粥作为最直接惠及天下的救灾办法，执政者曾多次就施粥颁布诏令，对施粥的时间和空间作出具体规定。明代则形成了较为完备的粥厂制度。除上述措施之外，还出台了具体的赈米法令，明朝还允许纳米振济赎罪等。

（五）**"粮价是百价之基"的溯源。**"粮价是百价之基"的说法出现在统购统销政策实行之后，在新中国成立之前，粮价乃是"百价之基"。"粮价是百价之基"在中国有着深厚的制度渊源。主要表现在三个方面：一是粮食实物长期是赋税制度主要缴纳对象。粮食作为税种可以溯源至夏代。封建社会以后，缴纳粮食实物税成为历代政权的主要税种，这就是历史上延续至本世纪初期的"皇粮国税"。为保障缴纳工作顺利进行，历代政权在有关收粮时限等方面都作出了较为详细的规定。2006 年起，我国在全国范围内取消农业税，终结了粮食实物作为赋税缴纳对象的历史。二是粮食实物长期作为薪俸制度主要载体。粮食实物也体现在公职人员的薪俸制度中。汉代"各以多少级数为差"来给大臣发放粮食俸禄；唐代官吏按照官阶领取不同的俸禄，而且领取的俸禄是粮食实物。宋代则"禄粟，自宰相至入内高品十八等"。明清时期，在京城设立专门为朝廷官员和皇族发放俸禄的"禄米仓"。粮食实物作为俸禄制度的载体，还体现在民俗民谚中，比如"吃皇粮""找碗饭吃"等。新中国成立以后，"粮食定、天下定"政策成功实施，加上国家低物价保持数十年，"粮价为百价之基"正式形成并逐渐成为社会共识。三是粮食实物长期作为一般等价物客观存在。随着人类交换活动的发展和早期商品市场的出现，粮食实物发挥了货币支付和储藏手段等功能，《诗经》即有"握粟出卜，自何能谷"的记载。近代以来，由于战乱频繁、自然灾害时有发生，各地都把囤积粮食等实物作为应对粮荒和通货膨胀的不二选择。实行统购统销政策以后，我国农村存在的少量交易，也多以粮食实物作为一般等价物。综合来看，"粮价是百价之基"是由农耕社会的生产力所限形成的社会共识。它既与人们的财产收入途径单一密切相关，也与人们消费以粮食为主密切相关，还与国家抗风险能力较弱密切相关。

二、对当代粮食安全保障立法的借鉴与启示

纵观数千年中国古代粮食立法史，不仅形成了丰富的中国本土法治资源宝库，还为当代粮食安全保障立法提供了重要启示和借鉴。

（一）**建议将多途径筹措粮源纳入粮食安全保障立法**。粮食安全保障立法要破解的首要问题是何为粮食安全。河南工业大学穆中

杰教授曾经从"食为政首"角度给粮食安全下过定义，粮食安全是指各级人民政府通过制定政策，采取经济、法律、行政等多种手段保障本辖区内居民生活和社会生产对粮食基本需求持续得到满足的过程，从而使国家利益处于没有危险和不受内外威胁的状态。从本原意义上讲，粮食安全是指有数量充足、质量健康的粮食，而这些粮食又能够顺畅、及时、合法到达需要者手里。至于粮源是生产而来，还是贸易所得，抑或是节约所剩，只是获得粮源的具体方式不同，拥有粮食才是问题的本质所在。从中国古代粮食立法史不难看出，先秦时期中国就设置了主管粮食生产的农官，此后政权以激励粮食生产为中心实行多种变法，实行重农抑商政策，为通过粮食生产获得粮源提供了法治保障；每逢遇到大灾或其他特殊情况，统治者通过"减膳""禁止酿酒"等方式获得粮源成为历代定制。有鉴于此，建议粮食安全保障立法在进行相关制度设计时，应将"开源"与"节流"并重设计，实现粮食生产、进出口、节约以及限制深加工等粮源渠道的法治化。

（二）建议将多方式激励流通纳入粮食安全保障立法。 仅有充足的粮源还不能说实现了粮食安全，还需确保粮源能够到达需要者手中，及时满足消费需要。粮食能够顺畅、及时地到达需要者手里的方式有多种选择，至于是购买、赈济或者其他方式也不是问题的本质，只要是合法地满足了粮食需要就可以说实现粮食安全了。中国古代的漕运、陆运、海运等方面法令，按距离设置粮仓、按人口确定区域储备量成为定制，甚至"论功行赏"都是激励粮食流通有益的法治资源。建议粮食安全保障立法要重视流通环节的设计，不仅要有保障高效的现代化流通设施制度设计，还要兼顾在特殊状态下"施粥"等制度设计，同时粮仓布局、加工能力分布等要有相应的制度保障，并对激励和惩戒机制进行统筹设计。

（三）建议将多类型丰富储备纳入粮食安全保障立法。粮食既是国家安全的重要基础，又是最基本的民生需求。囿于粮食生产的季节规律、商人囤积居奇带来的秩序扰乱以及小农经济的不稳定等多种因素，古代中国不仅出台禁止粮食出口、禁止囤积粮食等法令，还创制了常平仓、义仓、社仓、惠民仓、广惠仓、丰储仓等多种制度，以满足"稳市、备荒、恤农"多重需求，形成了鼓励储备的优良传统。结合粮食供给受自然资源数量和禀赋制约、粮食产能触及"天花板"、人为矛盾多重叠加、进口粮源风险骤增、粮食持续增产动力濒竭等多重不利因素叠加影响之背景，建议把多元化储备纳入粮食安全保障立法，使政府储备、企业储备、社会储备、居民储备等多种储备发挥作用，实现有法可依。

（来源：中国粮食经济学会承担的 2021 年度国家粮食和物资储备局软科学课题《中国历史上粮食法律若干问题研究》。课题负责人：肖春阳，课题组成员：李成伟、穆中杰、南海燕、李耀跃、曾晓昀、杨新元、武彦、常龙、郭梦雨、朱奎、邵晨阳、丁璇、陈璐珂、傅颖，中国粮食研究培训中心高丹桂摘编，王世海审核）

准确把握建党百年来粮食安全治理规律
推动提升新形势下粮食安全保障能力

中国共产党成立一百年以来，带领全国各族人民通过不懈奋斗，依靠自己的力量实现了粮食基本自给，不仅成功解决了 14 亿多人口的吃饭问题，而且居民生活质量和营养水平显著提升，粮食安全取得了举世瞩目的巨大成就。百年党史，也是我们党不断健全完善粮食安全保障体制的历史。以史为鉴，开创未来。总结提炼党一百年来建立完善粮食安全治理制度机制规律，对于准确分析研判未来一段时期粮食安全形势，有效应对风险挑战，进一步提升粮食安全保障能力具有重要借鉴意义。

一、建党百年来粮食安全治理规律探索

（一）**坚持和完善党对粮食工作的领导是端牢中国饭碗的根本保证**。建党以来，从设立粮食调剂局到成立中央粮食人民委员部，从统购统销到粮食流通市场化改革，从"米袋子"省长负责制到粮食安全省长责任制，再到粮食安全党政同责，充分体现了党对粮食安全问题的高度重视，体现了保障粮食安全的"大国担当"，确保了中国人的饭碗牢牢端在自己手中。

（二）**处理好农民与土地的关系是调动农民种粮积极性的重要**

举措。农民问题的核心是土地问题。在中国共产党的领导下，从土地革命时期的"打土豪、分田地"，到抗日战争时期的"减租减息"，再到解放战争时期的"耕者有其田"，充分调动了广大农民革命和生产积极性，为革命战争的胜利奠定了最深厚的群众基础。改革开放后，家庭联产承包责任制的实施、巩固和完善，以及一系列支农惠农富农政策的实施，为中国农业发展和粮食安全注入了持续动力。

（三）加大支持保护力度是粮食产业高质量发展的必然要求。改革开放后，随着农业投入力度的不断加大，农业支持保护体系不断优化完善。取消农业税，实行粮食补贴、最低价收购、目标价格改革、粮食价格形成机制改革，建立粮食主产区利益补偿机制，改革完善粮食收储制度等，拓展了农业支持保护的政策空间，以农业投入、价格支持、财政补贴、金融保险为重点的多元化政策体系逐步建立，以优质粮食工程为重要抓手的粮食产业高质量发展格局基本形成。

（四）稳步推进市场化改革是提升粮食安全保障能力的动力源泉。改革开放以来，随着粮食统购统销制度的取消，粮食流通体制市场化改革不断深化，粮食经营主体多元化格局基本形成，粮食价格形成机制逐步完善，粮食市场调控体系不断健全，逐步建立起适应社会主义市场经济要求的粮食流通新体制和运行机制，为保障国家粮食安全提供了不竭动力。

（五）建立适应中国国情的粮食储备制度是增强粮食宏观调控能力的现实基础。新中国成立后，国家建立过"506粮""甲字粮"等储备，但规模较小，调控能力弱。改革开放后，逐步建立起以中央储备粮为核心、地方储备粮为支柱、社会储备为基础，数量充足、调度有序、覆盖全国的粮食储备体系，粮食宏观调控能力显著增强。

（六）**建立和完善粮食应急保障机制是提升应急保障能力的有效措施。**在历次抗灾害、御风险中，我国逐步建立起覆盖合理、布局科学、储备充足、反应迅速、抗冲击能力强的粮食应急保障体系，成功应对了地震、洪涝、泥石流、SARS、新冠肺炎疫情等突发事件，切实发挥了粮食安全"稳定器"作用。

（七）**科技创新是提高粮食综合生产能力的战略支撑。**新中国成立后，随着农业科技投入的持续增长和农业科研体制改革的深入推进，我国在生物育种、节水节肥、粮食加工、粮食储藏、质量检测、产品溯源以及粮机装备、人工智能等方面的新型实用技术在全国各地大范围推广应用，粮食产业科技创新和推广体系不断完善，科技创新的活力和能力稳步提升。

二、"十四五"时期至 2035 年粮食安全面临的形势

"十四五"时期到 2035 年，我国粮食安全面临"六期交汇"的形势。一是国际粮食市场风险挑战的凸显期。近年来国际格局加速演变，逆全球化叠加疫情冲击，国际粮食市场博弈和风险加剧，全球粮食供给体系更趋不稳定和不确定，利用国际市场和国外资源保障国内粮食安全的难度增加。二是完善粮食安全保障体系的攻坚期。我国粮食"紧平衡"与"弱安全"的形势仍然没有改变，在粮食基础设施、仓储流通、进出口贸易、应急处突等方面还存在短板弱项。未来需要从全球视野重塑粮食安全保障体系，增强防范化解粮食安全风险的能力。三是粮食产业高质量发展的关键期。粮食

消费升级已经成为推动粮食产业高质量发展的重要引擎，但我国粮食产业发展不平衡不充分的矛盾依然存在。促进粮食产业和消费"双升级"，亟须以制度创新、技术创新、产品创新满足并创造消费需求，激活粮食产业增长内生动力，释放需求和消费潜力。四是粮食生产能力提升的攀登期。虽然我国粮食产量实现了"十七连丰"，但在资源约束增强、农业基础薄弱、科技支撑乏力、劳动力老龄化程度加重等制约影响下，挖掘粮食生产新潜力的难度进一步加大，需要从全局和战略高度谋划"紧平衡"状态下确保国家粮食安全的长远对策。五是完善粮食支持政策和方式的深化期。我国当前面临粮食生产规模小、比较效益低、生产成本高、国际竞争力弱等问题，急需构建新的政策支持体系，全面推进农业规模化、标准化、信息化、生态化，促进"三产融合"，重塑粮食产业链，全面提升粮食支持政策的效果。六是参与全球粮食安全治理的机遇期。全球粮食安全危机依然存在，2030 年全球消除饥饿目标难以实现。我国需要以更加开放的姿态促进全球粮食贸易，联合有关国家或地区、国际组织，共同打造零饥饿的人类命运共同体。

三、有关对策建议

（一）**树立国家大食物安全观**。引导居民消费观念转变，倡导大农业观、大食物观。重点解决粮食供给的结构性矛盾，满足消费结构与水平变化升级过程中出现的新消费新需求，既要求数量安全，也要求质量安全、营养安全。监测人口结构变化与食物消费需求变化，统筹口粮、饲料粮、动物蛋白的国内国外两个市场，确保食物安全的全方位、全产业链安全可控，满足人们日益多元化的食物消费需求。

（二）**筑牢粮食安全立体防线**。深入实施"藏粮于地、藏粮于技"战略，推进藏粮于库、藏粮于民、藏粮于企、藏粮于外、生粮于山、生粮于海等方面的探索实践。加强和完善政府储备和企业储备、居民储备相互补充的粮食储备体系建设，统筹山水林田湖草和海洋食物及其他农作物综合开发利用，多维度提升食物供给保障能力，全面拓展食物供给新渠道，确保粮食供给的稳定性和可持续性。

（三）**加快推进粮食产业高质量发展**。以需求为导向，推动粮食产业链、价值链、供应链"三链协同"。延伸产业链方面，充分发挥粮食加工转化引擎作用，通过健全完善粮食产购储加销体系，推进粮油加工向深层次延伸，提高粮食综合利用率和产品附加值。提升价值链方面，坚持绿色化、优质化、特色化、品牌化发展理念，优化粮食种植结构，开发绿色优质粮油产品，打造地方特色粮油产品，培育粮油区域公共品牌，不断增加多元化、个性化、定制化产品供给。打造供应链方面，立足"双循环"新发展格局，积极引导粮食企业融入国家"一带一路"、长江经济带、陆海新通道和新时代西部大开发等战略，深化粮食产销国际合作，拓展粮食供给渠道。

（四）**健全完善粮食调控政策体系**。以提高市场经济和开放条件下的调控能力为核心，以粮食供给侧结构性改革和产业高质量发展为主线，以粮食产能提升和品种结构优化为重点，按照"明确目标、分类施策、内外统筹、动态平衡"的思路完善粮食调控政策体系，进一步完善粮食生产资源保护政策、补贴奖励政策、粮食价格形成机制、产销利益补偿机制、粮食储备和进出口调节机制等，确保实现粮食供求基本平衡、价格基本稳定、农民收入持续增长等目标。

（五）**推动全链条节粮减损**。在收储环节，完善粮食产后服务体系，拓展产后服务中心功能，继续推进农户科学储粮，推广运用低温、智能等储粮新技术新装备，探索实行粮食分品种分等分仓储存。在物流环节，提高原粮"四散化"运输比例，大力发展多式联运。在粮食加工环节，积极推广适度加工，加强粮油加工副产物高效循环利用。在消费环节，借助"世界粮食日""全国爱粮节粮宣传周"等活动，开展"爱粮节粮"进学校、进社区、进军营、进食堂等活动，加强爱粮节粮、科学储粮、健康消费宣传教育，增强全民爱粮节粮意识。

（六）**积极参与全球粮食安全治理**。在加快构建"双循环"新发展格局的大背景下，深度推进对外开放，充分利用"一带一路"沿线农业资源，从生产、物流、贸易和技术等入手，发挥沿线国家粮食资源禀赋优势，拓展我国粮食安全外延空间。联合有关国家或地区，组织科研机构与企业，共同探索构建保障人类粮食安全的技术体系、产业体系、流通体系、消费体系、政策体系，为促进全球粮食安全贡献中国智慧和中国方案。

（来源：四川省粮食和物资储备局承担的 2021 年度国家粮食和物资储备局软科学课题《建党 100 周年视野下国家粮食安全保障政策制度研究》。课题负责人：张丽萍，课题组成员：胥镁、苟晴、曾位强、龙腾、汪希成、谢冬梅，中国粮食研究培训中心张慧杰、高丹桂、刘珊珊摘编，王世海审核）

国家储备垂管系统所属企业经营定位及治理体系研究

如何健全完善国家储备垂管系统所属企业的治理体系，科学有效统筹用好储备仓库国有资产，是垂管系统面临的一项迫切任务。国家粮食和物资储备局宁夏局以所属国储物流公司为例，对企业如何明确自身经营定位，完善企业治理体系，提出对策和建议。

一、存在的问题

一是政事企权责不清。部分基层事业单位偏离主责主业，重公司经营轻储备管理，对完成国家储备收储任务缺乏积极性。企业由垂管系统事业单位出资成立，依赖事业资产资源开展经营活动，容易触及国有资产管理使用的敏感问题。垂管局对企业行使直接管理权，事业单位对企业经营具有较大话语权，政事企三方在企业管理中职责交叉或缺失，权责利不明晰不对等，导致企业决策机制运行不畅，效率不高，各方难以有效发挥监督、管理、运营、协作功能。

二是运行机制不健全。企业高管多由事业单位派员担任，企业经营行为和发展决策自主性不高；企业的大部分收入用于弥补事业单位资金缺口，没有能力更新设施设备、提升物流服务或拓展延伸物流服务链。企业依靠自身力量发展局限性大，竞争力得不到提升，对懂经营会管理的人才吸引力不足。

三是内控体系不完善。企业经营管理制度和法人治理结构不健全，缺乏全面科学的现代企业内控体系。一方面，管理层经营决策依赖事业单位和垂管局的情况较为严重，经营管理重现场轻制度执行；对外投资及经营风险管控不力，导致国有资产出现损失的情况时有发生。另一方面，缺乏制度执行的严肃性主动性，相关业务流程在一线执行不到位，使有的制度流于形式。

二、改革思路建议

（一）**找准企业经营发展定位**。一是作为独立的市场主体，企业必须与垂管局和事业单位真正实现政企分开、事企分开、管办分离。明确企业为自主经营、自负盈亏的法人单位。二是应作为公益类国有企业，服从服务于国家储备主责主业，不以追求利润最大化为目标，严格管控因体量过大出现失控风险。三是企业应立足主责主业相应的市场服务领域，审慎延长业务链条，严禁涉足完全不相关的业务领域。

（二）**建立现代企业管理制度**。一是健全预算等内控管理体系。持续推进内部控制体系建设，强化业务流程管理和精细化成本核算，将薪酬总额纳入年度预算。针对各仓储单元或业务部门实际情况，结合业务、工作性质及经营组织方式，分别制定工资总额动态调整机制。二是推进企业市场化用工。结合业务发展需要，采用自聘、劳务外包、整体业务租赁等灵活的用工方式，培养骨干人才队伍。对技术含量低、社会化用工程度高的岗位，采用劳务外包形式，规范用工劳动合同化管理，建立企业用工进入退出机制。执行国储物资及应急物资出入库任务的相关标准，履行程序、签订协议保障实施。三是健全国有资产评估定价制度。企业租用事业单位国有资产开展经营业务，以市场评估价值为基础，事企双方按照资产出租出借程序报批、议价，按照约定的时间、方式及金额支付结算，健全租赁资产管理台账。

（三）**推动监管职能转变**。按照由管企业向管资本转变的要求，围绕规范资本运作、提高资本回报、维护资产安全等重点，探索实施规范有序高效的治理和监督机制。坚持授权与监管相结合、放活与管好相统一，强化企业决策自主权，健全机制、理顺程序，建立完善清单管理制度，将依法应由企业决策的事项归位于企业。推进经营性国有资产统一监管，建立完善资产管理动态监管台账，完善信息共享、工作协同机制，强化资产管理主体责任和逐级监管责任，提升国资监管整体效能。

（四）**加强全系统资源统筹工作**。一是加强垂管系统所属企业改革的顶层设计。可探索整合各垂管局所属企业资源，成立全国性的国储物流集团公司，更好地发挥储备系统国有资产作用。二是根据垂管系统可利用的国有资产情况，合理确定所属企业经营创收规模，协调财政等部门科学测算基层储备仓库事业经费预算，保证储备管理的正常需要。

（来源：国家粮食和物资储备局宁夏局承担的 2021 年度国家粮食和物资储备局软科学课题《垂管系统所属企业经营定位及治理体系研究——以宁夏国储物流公司为例》。课题负责人：罗守全，课题组成员：石春山、赵克东、海林、马立华、宋彦龙、包榴栋、刘龙，中国粮食研究培训中心石光波摘编，王世海审核）

打造长江三角洲地区粮食安全一体化保障体系升级版的建议

2018 年 11 月 5 日，习近平总书记宣布长江三角洲区域一体化发展上升为国家战略。沪、苏、浙、皖所在的长江三角洲地区经济发达，人口密度高，粮食需求集中，粮食产销流通活跃，应急保障任务重，一体化协同保障粮食安全方面有较好基础。打造长三角区域粮食安全一体化保障体系升级版是服务国家战略的重要举措，对加强全国粮食区域合作，推动粮食产业高质量发展，筑牢全国粮食安全防线具有重要意义。课题组在深入研究必要性、可行性基础上，提出了直面问题加强区域合作的措施建议。

一、深化合作势在必行的"三大优势"

（一）**粮食资源禀赋互补性强**。长江三角洲地区土地面积 35.8 万平方公里，仅占全国的 3.7%；常住人口 2.3 亿，占 16.1%；2021 年上半年 GDP 总量超 13 万亿元，约占 24.5%。区域内粮食总体自给率 89%，其中上海、浙江两个主销区分别为 16%、30%；江苏、安徽两个主产区分别为 104%、132%，利用资源互补优势，强化粮食安全保障，对于长三角区域一体化高质量发展具有重要意义。基于 AHP 基本原理①的层次分析结果显示：在准则层，合作共建和区域联动权重高达 41%，区域共治构筑安全保障网权重 36%，资源共享破除壁垒权重 23%，表明在粮食生产、行业人才、质量检测、仓储保管、市场需求等方面互补性强，深度融合发展合作潜力巨大。基于差异互补的比较分析结果显示：粮食产销区互补的权重占 35%，也显示出沪、苏、浙、皖粮食资源禀赋、地理区位、经济发展水平等方面的差异，使得区域内粮食安全保障能力表现出明显互补性，为粮食产销合作提供了强大机遇。

（二）粮食安全领域合作空间大。一是粮食产销合作空间。在巩固沪苏浙皖传统粮食产销合作模式基础上，可以在地方储备粮源共享利用、优质储备粮源生产基地建设、建立长三角粮食应急联动保供协调机制等方面进一步拓展延伸合作空间。二是仓储物流合作空间。根据沪苏浙皖粮食产需、仓储物流设施分布等情况，在促进粮食流通基础设施布局的科学优化与合理配置、构建区域性粮食仓储物流设施共享体系方面可以进一步拓展合作空间。三是粮食产业发展合作空间。发挥苏皖主产省在粮食生产、储存、加工、运输等方面的比较优势，加强苏北、皖北粮食生产核心区、沿淮粮食生产功能区和苏南、皖南、杭嘉湖平原特色粮食产品优势区建设，在共同打造区域"大粮仓、大产业、大市场"以及粮食品牌建设等方面合作空间巨大。四是粮食监测预警和监管执法合作空间。在区域内推进粮食资源合理配置、集约高效，提升区域粮食储备能力及安全保障水平，可以在粮食监测预警、监管执法、质量检测等方面进一步深化合作。五是人才培育和科技研发合作空间。积极挖掘长三角

---

① AHP 是将目标进行分解并通过定性与定量分析相结合的综合评价方式。

区域内涉粮院校资源，在深入推进政产金"学、研、用、推"一体化，开展粮食行业全产业链关键技术攻关，促进成果转化、应用和推广方面有着广阔的合作空间。

（三）**粮食安全保障合作基础好**。一是签战略协议。沪苏浙皖签订了长三角一体化粮食产销合作战略框架协议，建立了区域性粮食产销合作会议机制，每年定期召开会议共商合作事宜。浙皖、沪皖分别签订《关于推进粮食产销合作战略框架协议》，发挥粮食产区优势，对接销区市场需求，实现优势互补、合作共赢。仅2020年"皖粮入浙"量就超过150万吨。二是建粮源基地。为解决本地粮食供给不足问题，上海、浙江分别在江苏、安徽等地投资建设粮源基地，把粮田搬到区域外，让外地质优价廉的粮食为我所用，让城乡居民吃得上、吃得好、吃得营养、吃得安全。上海在江苏省盐城市大丰区境内建立面积99平方公里的上海农场，年产粮食5万吨。截至2020年底，浙江在安徽建立相对稳定的优质粮源基地50万亩。

二、深化合作直面问题的"四大瓶颈"

（一）**思想层面不同地域思想观念上的"区划瓶颈"**。长三角地区总体发展水平领先全国，但地区之间的经济规模、经济结构和发展水平有明显差异。比如，近几年安徽创新发展，经济实力突飞猛进，但对比沪苏浙仍相对落后，特别是城乡收入差距较大。各地对融入长三角的自身获得感高度关注，希望通过区域融合为自己带来实实在在的好处，对整个长三角区域的认同感、归属感存在差异。就粮食领域来说，三省一市对构建长三角粮食安全保障一体化体系的认识不尽相同，着眼点也有出入，还存在思想观念上的"区划瓶颈"，需要通过深入交流碰撞、深刻查找不足、深度学习互鉴实现观念更新、思想认同。

（二）制度层面产区销区体制机制上的"对接瓶颈"。构建长三角粮食安全保障一体化体系升级版，亟待加快"产购储加销"全产业链高质量发展，但产区与销区面临的形势任务不同，导致粮食政策制度侧重点不同。如上海、浙江储备任务重、收购任务轻，鼓励支持储备的政策措施相对更多；江苏、安徽与之相反，即便有也较为分散，多数仅限本地粮食企业享受政策红利，政策制度没有协调联动。尤其在粮食应急联动上存在互动短板，缺少区域性应急资源、应急队伍、应急预案和应急演练，一旦发生区域性重大突发粮食事件，难以统筹调度应急保障力量以在更高层次保障区域粮食安全。

（三）政策层面粮食区域政策对接的"等高瓶颈"。各地在粮食购销、基础建设、产业发展、人才储备等方面出台的政策倾向性、侧重点、支持力度各有不同，如浙江省对收购早稻实行每百斤30元、省级订单小麦实行每百斤30元、省级订单晚稻实行每百斤20元的奖励政策；江苏省从中央商品粮大省奖励资金和省级预算中安排专项资金用于扶持粮食仓储物流设施建设和产业发展。政策层面难以完全等高对接，使得同样一件事在有的地方能办成或早办成，有的地方办不成或后办成，因此必须着力加以破解。

（四）人才层面粮食行业人才的"流动瓶颈"。人才历来是重要战略资源。随着长三角地区粮食行业对优秀人才的需求愈发迫切，人才流动对于区域深度融合至关重要。当前人才资源分布不均、人才共享机制缺乏等问题亟待尽快解决。以涉粮专业院校来说，江苏省以本科院校为主，安徽省职业院校发展较快，上海、浙江粮食专业教育较弱。经济发展快的江浙一带，迫切需要高素质、高技能人才推动技术改造创新、提高企业竞争实力，安徽等其他地区则更需要高水平专业技术人才，人才流动路径尚未完全打开。

三、深化合作前景可期的"六大抓手"

打造粮食安全保障一体化体系升级版的重点是打破区域界限，消除行政壁垒，共同推进区域粮食流通监管协同化、人才培育科技研发共享化、粮食流通合作嵌入化、粮食产业发展高级化，形成可复制推广的成熟经验，发挥示范带动的积极作用，促进区域共同发展。

（一）**突出规划引领，谋划重大项目**。发挥规划战略引领作用，对区域内粮食中长期发展目标统筹谋划，促进中长期发展规划有效衔接。通过整合资源、信息互联和数据共享，逐步形成长三角区域粮食设施设备一体化利用格局。在此基础上，谋划一批立足长三角、辐射全中国、影响海内外的重大项目。

（二）**实行安全同责，完善补偿机制**。积极落实国家粮食安全战略和长三角一体化发展国家战略，在粮食安全党政同责基础上，突破行政区域限制，推动构建长三角区域粮食安全共同体，实行粮食安全区域同责。建立长三角区域应急保供协同机制，探索建立长三角区域粮食产销区利益补偿机制。

（三）**构建产业体系，实现全链增值**。抓住国家深入推进优质粮食工程政策机遇，实施"六大提升行动"，大力推进"三链协同""五优联动"。积极推广"阜南样板""湖州模式"，立足各地粮食资源禀赋和粮食产业发展现状，构建粮食全产业链融合发展体系。积极培育长三角区域粮食龙头企业，发挥支撑、带动、辐射作用。

（四）**提升品牌影响，助力蝶变跃升**。加强区域粮食品牌建设顶层设计，以塑品牌、强加工、建渠道、融产业、广传播为路径，构建多矩阵粮油品牌体系，让区域优质粮油产品走向全国乃至全球。探索组建区域粮食产业发展联盟，集中开展品牌宣传和产品推介，凝聚产业发展合力。

（五）**优化科技合作，强化人才支撑**。全面加强沪、苏、浙、皖粮食科技自主创新合作，探索建立区域粮食科技创新联盟，搭建"政产金学研用介"平台。加大急需高层次人才引进力度，探索建立长三角区域粮食行业人才库，优化人才结构，畅通流动渠道，强化人才智力支撑。

（六）**国家综合统筹，政策等高对接**。建议国家层面综合统筹政策、资金、人才、项目等资源，对该区域粮食安全一体化保障给予重点倾斜。建立区域粮食安全保障一体化基金，鼓励沪苏浙皖建立区域性粮食产业发展基金。建立沪、苏、浙、皖政策等高对接常态化长效机制，探索建立长三角区域政策执行的"普惠机制"。

（来源：安徽省粮食和物资储备局"特约调研员"团队承担的2021年度国家粮食和物资储备局软科学课题《构建长三角粮食安全保障一体化体系研究》。课题负责人：万士其，课题组成员：曹越方、尹成林、谢玉兴、董辉、管旭、杜丹丹、解家宝、孙勤、叶必春，中国粮食研究培训中心胡耀芳摘编，王世海审核）

落实党政同责强化粮食安全
责任考核的思路建议

习近平总书记在 2020 年年底的中央农村工作会议上强调："地方各级党委和政府要扛起粮食安全的政治责任，实行党政同责，'米袋子'省长要负责，书记也要负责。"贯彻落实习近平总书记的重要指示，需要进一步细化相关考核办法。河南工业大学课题组通过对相关政策进行全面梳理，着重从考核指标体系、对象与组织、方式与内容、结果与运用等四个方面，提出了落实党政同责强化粮食安全责任考核的工作思路及相关政策建议。

一、实行粮食安全党政同责的重大意义

（一）实行党政同责是对粮食安全省长责任制的肯定和强化。实行粮食安全党政同责，实际上明确了"五级书记"领导强化各级政府抓好粮食工作的体制，体现了党对一切工作的领导，真正实现"有权必有责、有责要担当、失责必追究"。实行粮食安全党政同责，一方面，要充分发挥地方党委在区域粮食安全中的政治领导作用，另一方面，要对其领导粮食安全的权责边界进行划分和确认，从而厘清党委和政府在区域粮食安全中的差异化责任。

（二）党政同责为当前错综复杂形势下保障国家粮食安全提供

重要制度保障。粮食安全领域主要存在自然资源数量和禀赋难以满足庞大粮食数量需求、粮食产能触及"天花板"直接威胁粮食供给、品种及区域供需矛盾突出影响粮食供给、进口粮源风险骤增潜在影响粮食供给、粮食持续增产动力濒竭长远影响粮食供给等诸多矛盾，党政同责是应对当前错综复杂粮食形势的保障手段。

二、统筹设计粮食安全责任考核的措施建议

落实粮食安全党政同责，在制度顶层设计上，要对现行考核制度进行修改完善，出台党中央、国务院关于落实粮食安全党政同责强化粮食安全责任的规定及相应考核办法。具体内容要重点考虑以下几个方面。

（一）**考核指标体系设计。**实行粮食安全党政同责指的是党委和政府在粮食安全领域共同履行职责和承担责任，相应考核指标体系的设计应该依据党委和政府的"三定"规定进行，使其做到有的放矢。一是既要明确党在粮食安全保障领域的政治领导地位、政府在该领域的行政主导地位，避免职责不明；又要强化党政领导干部的粮食安全责任意识。二是要把如何激发地方党委和政府扛起粮食安全政治责任的积极性贯穿始终，在坚持粮食安全省长责任制的前提下对党委和政府进行有区别的设计，在文件中专门设计有关奖励、责任追究以及申诉等相关内容。三是政府考核指标体系可在实践基础上加以完善，党委考核指标体系既要包括决策部署以及后续推动工作，又要包括党委各成员所承担的角色与职责，还要包括涉粮案件受理和处理情况的考核。

（二）**考核的对象与组织。**一是考核对象方面，既要考核地方

政府又要考核同级地方党委，既要考核党政系统又要考核其主要负责人。相关考核要实现追责链条的制度设计，建立党组织工作考核和政府系统工作考核两个体系，从而使责任落实到各层级、各部门、各岗位和各责任人。二是考核工作组构成方面，根据我国党政管理体制以及相关法律，应对党委政府逐级进行考核或者问责，国家考核工作领导小组办公室成员单位要在目前部门单位组成的基础上，新增中共中央有关部门，负责具体实施粮食安全责任制考核。考核程序中明确对考核工作组履行考核职责进行监督，保证粮食安全责任制考核工作公正有序进行。

（三）**考核的方式与内容**。一是坚持考核周期确定性与增强粮食工作主动性并重。建议继续坚持实行年度考核制度，可调整优化考核方式，将部分"命题权"和"答卷权"下放给地方党委和政府。考核内容既要包括各地在耕地保护、应急管理、产业发展等方面的共性问题，也要考核区域粮食安全的特色发展情况，调动中央和地方两个方面的积极性。二是坚持粮食安全全国必考指标与区域特色指标并重。全国必考指标建议包括增强粮食综合生产能力、保持粮食播种面积和产量基本稳定、加强粮食储备安全管理、保障粮食市场供应和稳定、加强粮食应急保障能力建设、推进粮食产业高质量发展等六个方面，其中粮食产能环节突出设计实施藏粮于地战略的考核。区域特色指标建议一省一策，国家层面只作原则性要求，由各省将这些考核重点进一步细化融入到具体考核工作中，在此基础上建立区域考核指标体系，突出区域粮食安全特色，助力各省粮食安全领域的特色发展。全国必考指标成绩和区域特色指标成绩在总分值中按照比例分别计算，其成绩总和即为该省级单位当年考核成绩。三是坚持开源节流粮源考核与粮食流通效率考核并重。在粮源获得方式方面，可设计粮食综合生产能力、粮食安全对外合作情况以及粮食节约情况等考核指标，并可做进一步细化。在粮食流通效率方面，可按照顺畅、及时、合法要求，对硬件建设和软件建设进行考核指标设计。四是坚持粮食安全保障实绩与相关保障机制运行并重。考核中不仅应重视粮食安全保障数量和质量方面的实际效果，同时还要对粮食安全领域的管理保障机制和治理能力进行考核，以责任清单形式确定地方党委和政府的责任，明确相关部门需要配合的具体工作、任务安排以及时限要求，同时在考核指标设计中二者应该并重，这样可以在一定程度上避免可能由于"粮食安全基础条件较好"而掩盖履职能力不足导致危机得不到有效预防处置的情况出现。

（四）**考核的结果与应用**。一是重视考核过程性与特殊情况处理。一方面，要重视过程性考核，将考核工作贯穿于粮食安全的全过程；另一方面，在一些特殊情况下，区域粮食市场出现异常波动进而对社会稳定造成一定影响，如果与党政有关部门不履行职责或者不恰当履行职责、存在重大工作失误有关，则直接认定本考核年度为不合格。二是考核结果与地方党政领导班子和个人考核挂钩。考核结果要与地方党委、政府集体密切相关，同时还要与党政主要领导干部个人考核密切相关。如果考核为优秀，除有关部门在相关项目资金安排和粮食专项扶持政策上优先予以考虑之外，该区域党政主要负责人当年年度个人考核可以评为优秀；如果考核为不合格，则该区域党政主要负责人当年年度个人考核只能确定为合格或合格以下等次。另外，考核结果还可作为对各地党委和政府主要负责人和领导班子综合考核评价的重要依据。三是优化粮食安全保障不力相关责任追究制度。按照整改、约谈、执纪问责等程序，对考核年度不合格者进行处理。问责不仅应针对在粮食安全保障工作中存在违法违纪行为的各地党委和政府及有关部门，还应包括不当履职的各考核工作组及其工作人员。四是完善考核结果和责任追究决定的救济机制。建议设立保障被考核对象合理合法权益的异议及申诉机制。作为被考核对象，各地党委和政府有权就考核结果和责任追究决定向国家粮食安全考核工作组提出书面异议，进而启动异议受理程序，转交有关机关和部门依据相关规定进行处理，同时抄送中纪委、国家监委。

（来源：河南工业大学承担的 2021 年度国家粮食和物资储备局软科学课题《粮食安全责任制考核的党政同责问题研究》。课题负责人：穆中杰，课题组成员：李艳芳、南海燕、李耀跃、杨青、曾晓昀、张晨、胡瑞、郭梦雨、常龙、朱奎、邵晨阳、丁璇、陈璐珂、傅颖、穆法法，中国粮食研究培训中心崔菲菲、高丹桂、刘珊珊摘编，王世海审核）

第二篇
加快推动战略和应急物资储备体制机制改革

构建统一高效国家储备体系的
主要思路和实现举措建议

国家储备是国家治理的重要物质基础。自 1953 年储备制度建立以来，我国储备体系建设发展经过起步、扩大、发展和深化改革四个阶段，逐步形成品类齐全、规模较大、设施丰富、条块结合的大国储备格局。2018 年机构改革，组建国家粮食和物资储备局，推进储备管理权有效整合，统一高效的大储备格局初步形成。2020 年 4 月，习近平总书记强调，实行中央储备和地方储备相结合，实物储备和产能储备相结合，国家储备和企业商业储备相结合，搞好融合储备，对构建统一高效的储备体系指明了发展方向，提供了根本遵循。经过近 70 年的发展，国家储备已成为保障国家安全、服务国防建设、促进国民经济持续平稳健康发展的重要物质基础，在维护国家安全、应对突发事件、参与宏观调控、促进产业发展中发挥了重要作用。近年来，习近平总书记高度重视储备工作，作出一系列重要指示，要求科学调整储备的品类、规模、结构，提升储备效能，聚焦国家储备安全核心职能，加快健全统一高效的国家储备体系。

一、构建统一高效国家储备体系的必要性

（一）**更好发挥战略保障作用，有效应对国际形势对供应安全的风险挑战**。当今世界正经历百年未有之大变局，新一轮科技革命和产业变革深入发展，国际力量对比深刻调整，国际环境日趋复杂，不稳定性不确定性明显增加，新冠肺炎疫情影响广泛深远，世界经济陷入低迷期，经济全球化遭遇逆流，全球能源供需版图深刻变革，国际经济政治格局复杂多变，世界进入动荡变革期，单边主义、保护主义、霸权主义对世界和平与发展构成威胁。国家储备是应对外部风险挑战的坚固防线，必须进一步健全储备体系，夯实储备家底，提高防范化解重大风险挑战的能力水平。

（二）**更好发挥宏观调控作用，强化保障我国经济社会发展所需的安全稳定环境**。今年以来，一些国家为应对疫情冲击而采取大规模货币宽松政策及财政刺激政策，推动大豆、铜、铝、锌、石油等国际大宗商品价格快速上涨，我们要警惕多种因素造成的大宗商品市场波动，对我国供应链产业链带来不稳定因素，不断强化储备对平抑市场异常波动、保障产业链供应链安全畅通、增强我国对关键资源的掌控力话语权等方面的重要作用。

（三）**更好发挥应对急需作用，及时应对新冠肺炎疫情、自然灾害等突发事件**。我国是世界上遭受自然灾害影响最严重的国家之一，灾害种类多、分布地域广、发生频率高、造成损失重，这是一个基本国情。未来，要防范各类生产安全事故、公共卫生突发事件和自然灾害事故可能交织发生、风险叠加的出现，这对应急保供、事件处置和物资保障提出了更高的要求，必须不断强化储备抗大灾、防大疫的兜底保障作用。

二、构建统一高效国家储备体系的主要思路

（一）**构建统一高效储备体系的基本要素包括主体、能力要素、对象、功能和形态五个方面。**按主体可分为中央政府储备、地方政府储备、企业社会责任储备、企业商业储备；按能力要素可分为风险监测预警、需求分析研判、危机管控处置；按储备对象可分为重要农产品和农资储备、能源储备、战略物资储备、应急专用物资储备；按功能可分为战略保障、宏观调控、应对急需；按储备形态可分为产品储备、产能储备、产地储备。

（二）**深入领会构建统一高效国家储备体系的科学内涵。**具体是，实现国家储备高质量高效益发展的目标，按照统一领导、有机协调的要求，全面优化国家储备总体架构，统筹考虑储备主体、能力要素、储备对象、储备功能和储备形态之间的相互关系与作用，有序整合储备体系各要素，建立统一规划、统一监管、统一运行、统一标准的运行机制，建设统一的储备基础设施网络和大数据平台，形成权责清晰、分工合理、运转高效、监管有力、法治保障的国家储备体系。

（三）**准确把握构建统一高效国家储备体系的实现路径。**统筹中央储备和地方储备，要聚焦中央储备、地方储备不同的功能定位，明确储备品类规模，通过立法明确中央政府、地方政府权责，强化协同联动。统筹政府储备和企业储备，要改变储备由政府包办的观念和做法，积极引导企业、社会组织等参与储备建设。统筹实物储备和能力储备，要按照实物储备主要应对第一波次需求冲击，能力储备主要用于实现持续供应、保障后续需求的思路，强化协同保障。明晰各类储备功能定位，提升储备综合效能，切实增强储备

战略保障、宏观调控、应对急需等功能作用。

三、构建统一高效国家储备体系的主要举措建议

（一）**优化品种规模布局，夯实安全保障底气**。进一步优化调整储备品种规模，根据储备物资品类特点，结合生产、消费、贸易、交通运输及潜在风险、灾害分布等，统筹优化中央储备布局，确保关键时刻拿得出、调得快、用得上，夯实储备保障国家安全能力水平。

（二）**健全储备管理制度，提高效率效能**。完善国家储备法律体系，进一步明确各方责任，压实主体责任和各方监管责任，规范政府储备和企业储备的功能定位和管理体制。形成全链条储备需求生成机制，明确储备目标，优化国家储备品种规模，切实发挥规划引领作用。建立健全动态调整机制，提高计划实施的精准性和灵活性，优化计划执行下达程序，提高实际效力。完善常态化轮换机制，推动企业代储和委托轮换。完善动用和补偿机制，明确动用权限、程序和方式。健全完善区域内储备合作机制、互助机制、补偿机制，加强储备防风险跨区域协同保障。

（三）**优化完善储备设施，提高现代化能力水平**。加大各类储备设施整合力度，充分考虑各类储备物资布局需求和生产、进口、消费等特点，通过置换、撤销、改建、合并、功能提升等方式，进一步优化调整储备仓库布局。提升储备设施物流能力，强化储备基础设施与国家物流网络的衔接对接，实现快速响应、高效调运、协同保障。推动储备数字化转型升级，加强数据整合共享，为形势研判、智能决策、应急调度提供支持，加强储备标准体系建设，促进

储备管理规范化。

（四）**健全储备长效机制，提升应对风险挑战能力**。建立粮食和重要资源能源调查统计制度，完善监测预警体系，强化预案体系建设。建立储备体系评估指标体系和方法，健全第三方评估常态化工作机制。强化监督考核，定期组织对各级各类储备开展库存数量质量大清查。强化储备监管体系，创新监管方式，探索构建中央政府、地方政府、企业三级监管体系。

（来源：国家粮食和物资储备局规划建设司承担的 2021 年度国家粮食和物资储备局软科学课题《聚焦国家储备安全核心职能健全统一高效的国家储备体系研究》。课题负责人：钱毅，课题组成员：张保国、周世东、焦阳、张维、金瑞平、汪佳正，中国粮食研究培训中心唐安娜摘编，王世海审核）

粮食、石油和战略性矿产资源安全领域或将面临 10 大风险挑战

为研判未来一段时间重点领域面临的风险挑战，我们开展了未来 5—10 年粮食、石油和战略性矿产资源领域风险识别调查。根据近年来核心期刊、主流媒体以及行业专家学者观点，列出 74 项重大风险事件清单，发出问卷近 300 份，邀请权威专家和专业人士对风险事件的发生概率和影响程度进行识别评估，对三大领域发生概率和影响程度均居前 10 的风险挑战进行了重点分析。

一、粮食安全领域风险挑战

发生概率和影响力均居前 10 位的风险事件有 4 项，分别是：游资炒作推高粮价、我国种子研发培育和进口被国外公司垄断、极端天气使北美大豆玉米减产、主要玉米大豆出口国限制出口或加征关税。内容涉及粮食育种、境外生产、进出口全链条。

风险挑战 1：国际游资炒作推高粮价。目前，国际期货市场大豆、玉米、小麦自 2020 年 6 月以来分别上涨了 53.4%、61.6%、35.2%，期间达到或超过历史最高水平，市场炒作机会增多。即使是处于供应过剩、库存偏高的品种，价格也因炒作而大幅走强。尽管在现货市场方面，国际粮食市场对国内市场传导作用整体影响不

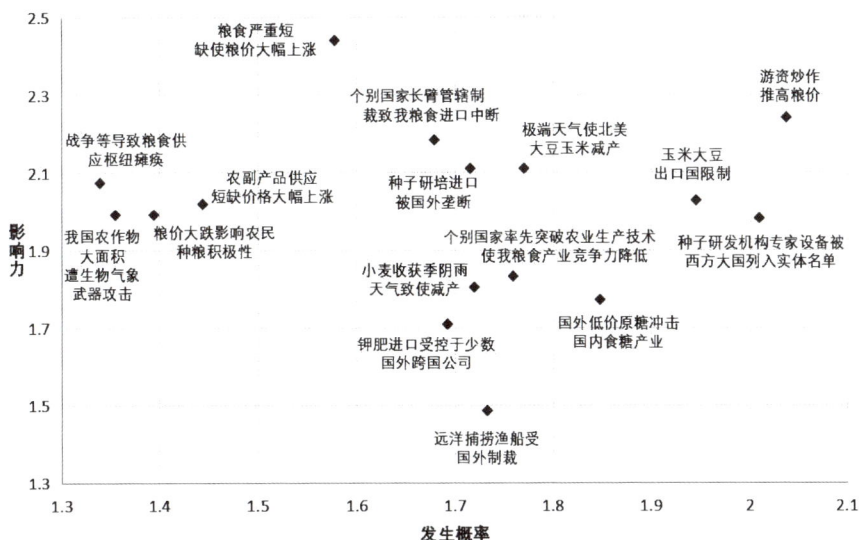

图 1　粮食安全领域风险格局

大，但货币的流动性强弱对资产价格的走势产生显著影响，放大粮食波动预期。

风险挑战 2：极端气候使北美大豆玉米大幅减产。北美是我国大豆和玉米的主要进口来源地，2021 年北美部分地区出现严重干旱，农作物产量、质量降低，有关国家下调 2021 年农作物产量预期，有的出口大国粮食库存也减少，两大饲料粮供应量均处于近 10 年来的最低水平，极端天气下各国补库将压缩市场供应。若北美因拉尼娜等气候大幅减产，将对我国粮食市场造成一定影响。

风险挑战 3：种子研发培育和进口被外资企业垄断。以玉米为例，目前国内约九成玉米品种及种子为国产，但其亲本的选育还有较大比例来源于国外种质材料。个别国家将生物技术作为具有代表性的新兴技术列入管制清单，将有关中国企业列入实体清单进行出口管控。未来实体清单范围可能继续扩大，种业科技将成为影响国家安全利益的重要竞争领域。

风险挑战 4：主要出口国限制出口或加征关税。近年世界粮食价格、生产和贸易波动性加大，不少国家增加粮食进口。2020 年我国进口粮食同比增长 28%，其中，进口玉米 1130 万吨，同比增加 135.7%，首次超过进口关税配额。今年 1—7 月我国玉米进口总量达到 1816 万吨，超出 2020 年全年总和。未来一个时期，如果北美、南美和俄罗斯及中亚等主要粮食出口国收紧本国的粮食出口政策，采取减少出口配额、增加出口关税等临时性出口限制措施，将直接影响我国粮食进口成本。

二、石油安全领域风险挑战

发生概率和影响力均居前 10 位的风险事件有 7 项，主要关联地缘政治因素，涉及产油地区和油气输送管线安全稳定、石油进口制裁等。石油安全形势面临不同风险叠加压力，既要防范化解以供应和价格为核心的传统石油安全风险，还面临大国战略竞争和由此带来的石油禁运、制裁等特有风险挑战。

风险挑战 5：某西方大国长臂管辖和制裁遏制我国石油进口。随着中美关系进入深度博弈阶段，石油成为主要战场之一。目前，我国海外石油权益产量 1.6 亿吨，相当于国内产量的 85%[①]，但海外供给安全保障能力亟待增强。某西方国家采取长臂管辖方式制裁我石油贸易和运输企业、装卸港口枢纽和海外石油项目，有针对性地制裁输往我国的油气管线、输送实体和关键节点设施设备风险越

[①] 范振林等：《全面提升我国战略性矿产资源全球配置能力》，《中国自然资源报》2020 年 6 月 16 日。

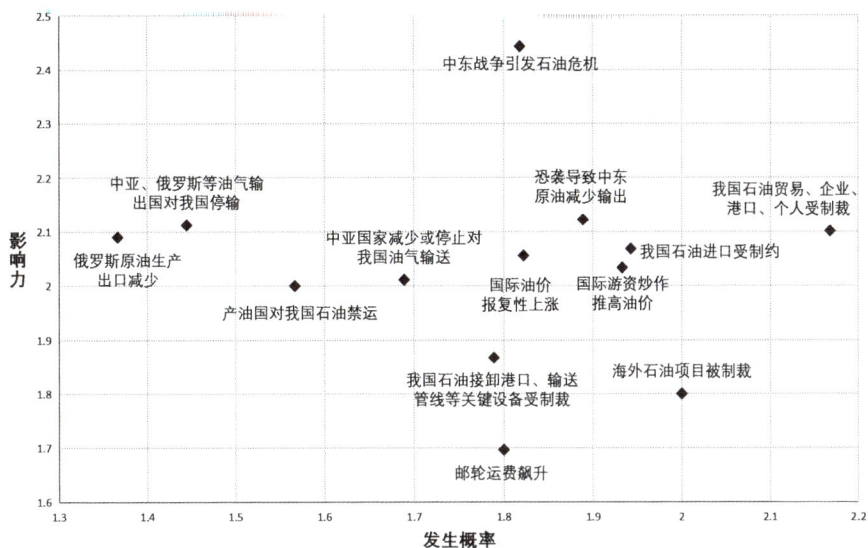

图 2　石油安全领域风险格局

来越大，极端情况下可能通过现代智能工具致使设施设备停运，甚至鼓动沙特、安哥拉等主要产油国对我国实施石油禁运，或诱使胁迫个别中亚国家减少或停止对我国油气输送，全面围堵我国进口伊朗、委内瑞拉等国原油，挤压我国进口来源渠道，可能导致我国石油供应链紧张或断裂。

风险挑战 6：主要产油地区动荡引发全球石油危机。如果沙特、俄罗斯、安哥拉、尼日利亚、利比亚等其他石油输出国出现政变或社会不稳定等严重事态、主要产油地区输油管线或接卸港口遭破坏损毁、过境国家限制正常输送等，也会不同程度引发石油市场短期波动。如 2019 年沙特石油设施遭受恐怖袭击、2021 年利比亚石油设施及港口人员多次罢工、也门胡塞武装袭击沙特石油设施，导致石油供应链短时间断裂。

风险挑战 7：游资炒作推升油价报复性上涨。作为主要的石油进口国，国际市场价格上涨直接推高进口成本。2020年，新冠肺炎疫情使全球石油需求疲软，年中之后逐渐恢复性上涨。各国普遍采取宽松货币政策，国际油价与其他大宗商品价格一样快速反弹，进入新一轮持续上涨周期。由于各国持续的货币宽松政策导致市场流动性泛滥，游资炒作进入粮食、石油等多个领域，期货市场反应明显。

三、战略性矿产安全领域风险挑战

发生概率和影响力均居前10位的风险事件有8项，集中体现在地缘政治风险，特别是我国紧缺且进口来源集中的风险品种。

风险挑战8：某西方超级大国或矿产出口国制裁或限制我国矿产进口。铜、镍、钴、稀有金属以及铁矿石等国内储量有限、外采量大、进口来源集中的紧缺矿产受地缘政治因素和大国间竞争影响越来越明显。近一年来，秘鲁、智利、纳米比亚、刚果（金）、印尼等主要能源金属出口国均陆续收紧了矿产出口。长期看，疫情冲击下，各国由追求效率向兼顾安全与效率转变，产业链供应链布局趋于区域化、本土化、短链化，不排除其他矿产国调整其国内矿业政策，直接或间接制裁我关键矿产贸易、冶炼加工企业和科研机构及个人等，包括限制我国矿产进口和境外矿业项目，提高矿产品出口税、征收暴利税等，限制或禁止对我国出口，影响关键矿产品自由贸易甚至导致供应中断。需要关注刚果（金）、几内亚等非洲国家和个别中亚国家矿业政策、澳大利亚实施差别化铁矿石出口政策等。

风险挑战9：有色及稀有金属矿石价格持续上涨。"十四五"

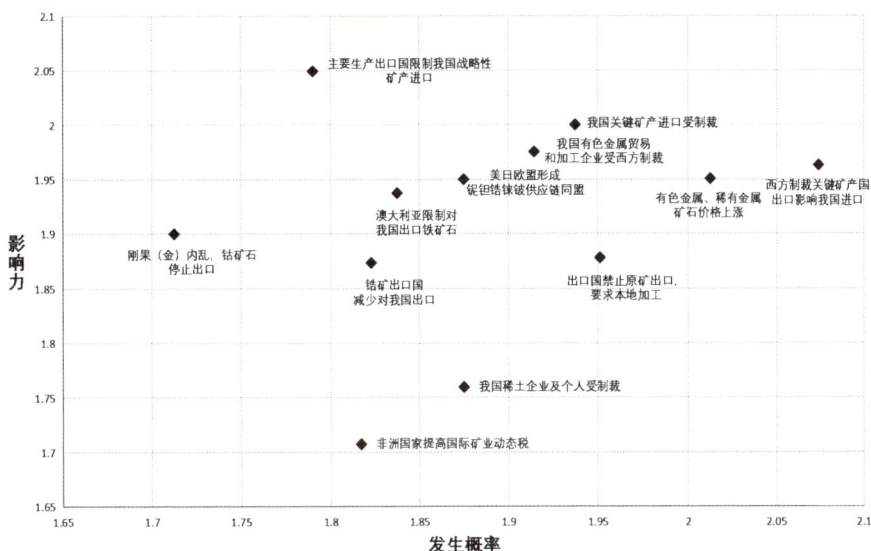

图 3　战略性矿产安全领域风险格局

时期，战略性新兴产业、高新技术产业进入大规模产业化、商业化应用，战略性矿产需求将保持高位，带动有色及稀有金属矿石价格上涨。随着全球大宗商品价格进入新一轮上涨周期，有色及稀有金属矿石的原材料和产成品价格都将持续走高。世界银行预计，2021年能源价格将比 2020 年上涨 1/3 以上，金属价格将上涨 30%。从市场规模看，部分关键矿产的市场体量小，短期供应缺乏弹性，价格涨幅过高过快将对稳定供应带来较大风险。

风险挑战 10：供应链同盟化取代全球化。在逆全球化趋势下，各国贸易和资源保护主义抬头。2019 年美国与加拿大、巴西、澳大利亚等 10 国结成联盟，这些国家是我国 95% 钴、85% 铁矿石、58% 镍、36% 铜、20% 金等战略性矿产资源的进口来源地，也是我国 94% 铜矿、84% 钴矿、60% 锂矿海外矿业投资权益地。2020 年美日澳印四国组建稀土联盟，以减少对我国稀土依赖。欧盟也发起成立原材料产业联盟，旨在建立金属和稀土等关键原材料的完整产业链。这些供应链同盟可能切断我国海外资源来源，阻滞我国海外矿业投资和矿产进口。未来需要防范关键原材料全球供应链"脱钩"，重点关注金融属性高于商品属性的铂族金属等战略性小金属和与国防军事密切相关的矿种出现供应链同盟化，如美国与欧盟、日本形成钽锆铼铍供应同盟等。

（来源：中国粮食研究培训中心承担的 2021 年度国家粮食和物资储备局软科学课题《我国重要资源能源供给风险及防范研究》。课题负责人：周竹君，课题组成员：宋红旭、王世海、唐安娜、石光波，中国粮食研究培训中心唐安娜摘编，王世海审核）

新能源汽车发展带动锂消费快速增长 建议增强锂储备保障锂资源供应安全

新能源汽车产业蓬勃发展带动我国锂消费量在 2007—2020 年间增长了 10 倍。今年以来，锂价不断刷新历史纪录，达到近 10 年来高点。国家粮食和物资储备局科学研究院通过梳理锂资源消费结构的历史和现状，分析未来趋势，结合国内资源储量、供应及对外依存度，提出优化锂储备的思路建议。

一、新能源汽车发展对锂消费影响分析

（一）**锂消费主要集中在电池和新能源汽车产业**。电池领域是近年全球和我国锂消费增长最快的领域。2020 年我国锂消费量为 22.97 万吨（折碳酸锂当量，下同），占全球的 70%。其中，电池领域消费占比从 2012 年的 33% 提高到 2020 年的 73% [1]，高于全球的 65%。

---

① 数据来源：安泰科。

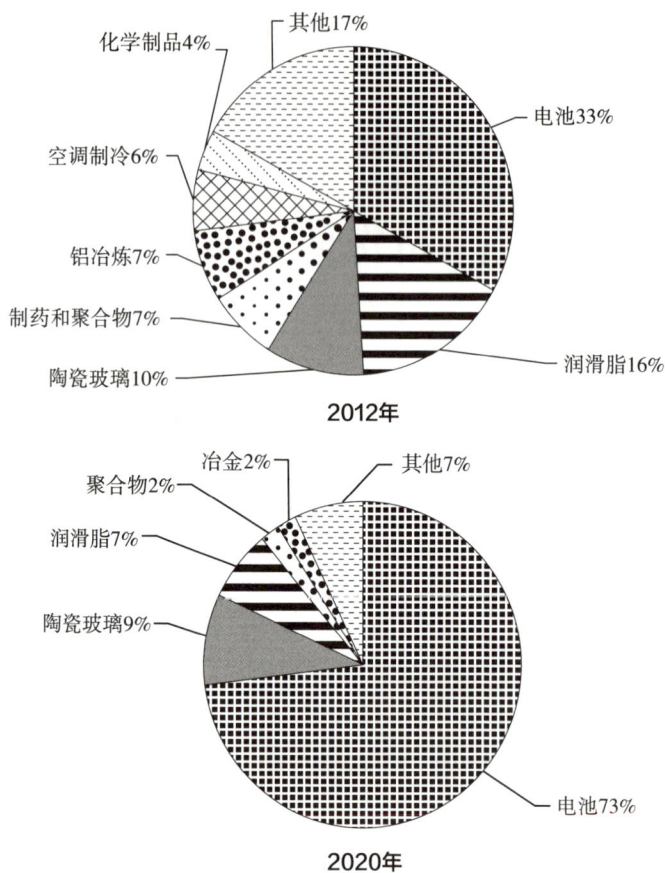

化学制品4%
其他17%
电池33%
空调制冷6%
铝冶炼7%
制药和聚合物7%
陶瓷玻璃10%
润滑脂16%

2012年

冶金2%
其他7%
聚合物2%
润滑脂7%
陶瓷玻璃9%
电池73%

2020年

图1　2012 年和 2020 年中国锂消费结构 ①

2015 年以来，全球新能源汽车年销量极速增长，从 30 万辆增长到 136 万辆，年均增长 35.3%。受其影响，锂消费也大幅增长，全球消费量从每年 16.2 万吨翻了一番，年均增长 15%；国内消费量从 7.87 万吨增加至 22.97 万吨，年均增长 24%。新能源汽车产业成为拉动锂消费的最大动力。

---

① 　数据来源：美国地质调查局。

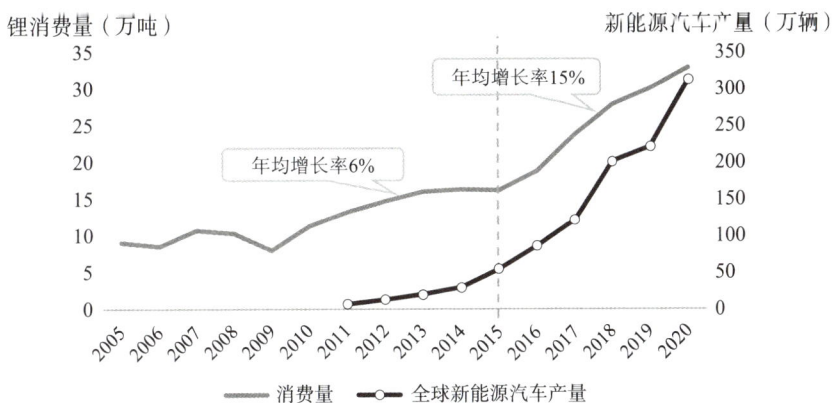

图 2　2005—2020 年全球锂消费量及新能源汽车产量的变化①

（二）未来中国锂需求预测。金属锂为我国紧缺矿产品种，对外依存度高达 60%，"双碳"目标下新能源汽车作为清洁能源代表将会拉动锂消费继续增长，国内资源缺口将逐步扩大。但是钠电池、氢能电池等新技术研发和应用的不确定性也增加了锂需求增长的不确定性，未来锂需求可能有以下三种情景：高增长情景假定全球经济快速增长，以锂动力电池为主导的新能源汽车产业快速发展，从而带动锂正极材料大规模应用，锂需求量年均增长 20%，2035 年需求量将达到 318.14 万吨；参考情景假定未来经济发展整体稳定，各行业技术无重大突破，锂需求量年均增长 15%，2035 年需求量将达到 154.31 万吨；低增长情景假定未来经济发展缓慢，锂电池被替代，锂需求量年均增长 11%，2035 年需求量将达到 85.69 万吨。

---

① 数据来源：有色金属工业协会锂业分会。

表 1　不同情景下中国锂需求预测

（单位：万吨）

情景设定	2020 年	2025 年	2030 年	2035 年
高增长情景		75.68	162.3	318.14
参考情景	22.97	39.88	80.20	154.31
低增长情景		33.77	53.59	85.69

二、锂资源及供应能力概况

（一）**全球锂资源丰富**。据美国地质调查局统计，2020 年全球锂金属储量 2100 万吨。其中，卤水型锂矿约占 80%，主要集中在智利和阿根廷；硬岩型锂矿占 20%，主要集中在澳大利亚。

（二）**国内锂供应能力弱**。我国锂矿资源总量大，多数分布在高海拔、交通不便、工业基础落后地区，开发难度大，成本相对较高，整体供应能力偏弱。产业发展主要依靠从澳大利亚大量进口锂辉石矿，而进口矿石提锂的生产成本较高。2018 年，我国锂盐生产加工原料构成为：进口锂辉石精矿 10.65 万吨，占比 66%；国内卤水提锂 3.86 万吨，占比 24%；国内云母矿 1.2 万吨，占比 7%；国内矿石 0.5 万吨，占比 3%。

（三）**我国锂资源对外依存度将长期保持在 70% 以上**。受资源条件所限，国内自产锂矿供应增长缓慢，与锂消费快速增长的需求矛盾尖锐。2012—2020 年自产锂矿从 1.8 万吨增长到 5.56 万吨，同期锂消费量从 5.5 万吨增长到 23.4 万吨，相对缺口从 3.7 万吨扩大到 17.9 万吨，未来随着新能源汽车产业的发展，锂资源的需求还将继续增长。根据预测，参考情景下我国锂资源对外依存度将长期保持在 70% 以上。

锂储量2100万吨

金属锂产量82200吨

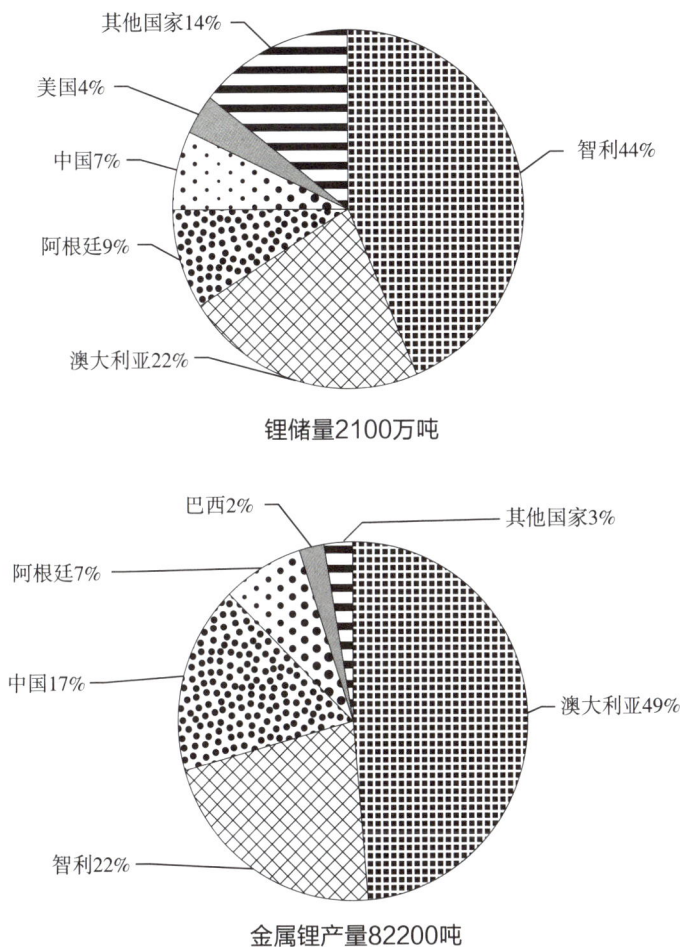

图3　2020年全球锂储量和金属锂产量分布

三、政策建议

（一）**择机增加锂储备规模**。为保障我国锂资源供应安全，确保战略性新兴产业发展需要，增强防范抵御风险能力及减少对外依存度，从储备工作角度出发，可以适当增加锂储备，进一步研究锂的储备形态。

（二）**紧跟新兴产业发展趋势**。结合国家"十四五"规划，密切跟踪战略性新兴产业发展方向，及时发现潜在"卡脖子"问题，了解最新发展动向及所需原材料情况。通过中长期的数据积累及趋势变化研究，结合我国战略性新兴产业发展和储备安全的需要，从储量、产量、消费量、贸易量、价格、矿业开发活动等基础数据出发，开展关键性原材料供需形势及资源安全分析，继续拓展相关领域的研究和替代储备品种。

（三）**开展储备模式研究**。梳理战略性新兴产业发展特点，有针对性地探索国家战略物资储备动态保障及储备方式多元化的发展路径。目前战略物资储备以中央储备为主，针对新兴产业发展所需关键原材料特性，未来可以摸索与企业开展产能储备或企业储备等模式研究。

（来源：国家粮食和物资储备局科学研究院承担的 2021 年度国家粮食和物资储备局软科学课题《战略性新兴产业发展对储备品种的影响研究》。课题负责人：周园园，课题组成员：赵子明、丁小清、赖伟玲、王瑾，中国粮食研究培训中心石光波、唐安娜摘编，王世海审核）

建设国家粮食和物资储备系统风险隐患双重预防体系

为贯彻"安全第一、预防为主、综合治理"的安全生产方针，遵循"关口前移、源头管控、预防为主、综合治理"的风险管控与隐患治理原则，筑牢国家粮食和物资储备安全底线，课题组以学习贯彻《安全生产法》为契机，开展安全风险分级管控和隐患排查治理双重预防机制建设研究，提出风险隐患分类分级管控标准化体系和建立监管智能系统的思路。

一、规范储备库风险隐患自查流程

（一）**风险管控**。选择风险矩阵法对辨识的危险源潜在风险进行定性、定量评估，根据评估结果按从严从高原则判定评估等级，逐级编制《风险分级管控清单》等材料。根据风险管控结果，逐级编制并发布风险分布图，在风险部位和岗位公示风险、管控措施或管控方案。

（二）**隐患排查**。依据风险管控信息台账建立事故隐患排查清单，对照清单编制处级、科级、班组级和岗位级等各层级人员的隐患排查表。各垂管仓库依据事故隐患排查清单，对工程技术、管理措施、培训教育、个体防护、应急处置等全部控制措施进行排查，按照重大事故隐患判定标准，明确一般隐患或重大隐患等级，实现事故隐患分类分级管控。

二、制定风险隐患分类分级管控标准

（一）**风险隐患分类指标**。将垂管仓库事故隐患划分为人员类、实物类、环境类和管理类四类隐患。其中，人员类包括职工队伍和驻防武警，实物类包括设备设施和储存物资，环境类包括基础设施、作业环境和安全距离，管理类包括行政许可、安全生产管理机构及人员、安全管理规章制度、安全培训教育、安全投入等。

（二）**风险隐患分级标准**。将垂管仓库事故隐患按严重程度分为一般事故隐患和重大事故隐患两个级别。其中，一般事故隐患目录由各垂管仓库结合本单位安全管理和风险管控要求自行建立完善；重大事故隐患由国家粮食和物资储备局统一制定，分为专项类和仓库类，专项类适用于所有垂管仓库，仓库类仅适用于特定对应的垂管仓库。在判定方式上，除重大火灾隐患含直接判定和综合判定要素外，其他类别重大事故隐患均直接判定。

三、建设风险隐患监管制度化、智能化体系

（一）**风险隐患监管制度体系**。一是编制督导检查清单。根据仓库风险隐患自查规范、系统事故隐患分类分级标准以及应急管理部等相关部门对安全生产风险隐患排查的要求，制定安全生产风险隐患督查清单。二是评估分析督查结果。对核查出的事故隐患按照标准进行分类分级，对危化品仓库核查出的重大事故隐患和一般事

故隐患数量实行风险分级监管。

（二）**风险隐患监管智能化系统**。基本功能：一是重大事故风险防范。构建模型实现事故隐患自动分级分类和清单化管理，实现隐患上报、督查、分类分级、检索、在线监管、处置反馈和预警指挥，形成"一库一档，一日一表，全程记录，闭环管理"。二是风险态势动态研判。结合重大危险源周边外部环境数据，建立不同层次的态势热力图，分析不同热力图之间的关系，进行环境敏感点、人口密集区、重点监管行业、重点监管库区、恶劣气候等风险态势动态研判。建设目标：对危化品垂管单位的事故隐患实施信息化动态化监管。通过实时监测信息推送，全面掌控重大事故风险变化情况，督促基层仓库及时管控风险，实现风险监控数据化、智能化。安全生产监测平台能够在事故风险防范和风险态势研判的基本功能基础上，同时实现在线巡查、事故应急支持、安全承诺公告、综合分析等五项功能。此外，考虑国家储备安全生产管理实际需求，从危险源更新管理、重大事故模拟、突发事件应急保障及安全生产日常管理等方面再逐步拓展相关功能。

四、政策建议

（一）**全面实施垂管仓库风险隐患规范性自查**。在危化品仓库全面实施双重预防体系制度化建设，结合实际设备设施、作业活动等情况制定风险分级管控清单、隐患排查治理清单、隐患重点整改清单。鼓励综合仓库借鉴危化品仓库双重预防体系自查清单，落实主体责任，制定符合本单位实际的自查清单和文件。国家粮食和物资储备局制定年度推广双重预防体系的工作方案计划，向垂管系统全面推广，对安全生产风险隐患整改进一步抓紧抓实。

（二）全面落实垂管局安全生产监管责任。各垂管局根据垂管仓库自查情况，确定重点监管和督查方案，制定年度重大事故隐患整改销号清单和进度安排，督促一般事故的事故隐患限时整改落实。综合施策、严格管控、加强督办，记录事故隐患产生、整改、消除全过程。采取有效措施，强化事中事后监管，强化施工和现场作业监管，压实监管责任，坚决防范和遏制重特大事故发生。

（三）加强系统重大危险源管控。国家粮食和物资储备局统筹强化重大危险源管控，紧抓重点突出重大事故隐患整治，严守安全生产底线。对主体责任隐患进行专项整治和挂牌督办，明确提出整改要求和时限，定期上报整改进度，确保重大事故隐患逐年递减、风险明显降低。对于整改资金需求较大，目前无法支持全面整改的主体责任事故隐患，一方面，通过其他专项项目统筹解决，另一方面，通过临时疏导疏散、转移安置等措施加强作业期间管控。对非主体责任事故隐患，与当地政府和应急管理部门协调制定可行的整改方案。

（四）推动实现安全生产标准化、规范化、智能化。一是提升安全生产标准化水平，加强标准体系建设，开展储备安全标准研究，持续推动粮储系统安全生产"标准树"建设。二是推进风险隐患规范化治理，从垂管仓库的入库教育、人员车辆出入安全检查、各类标志标识、各类区域划分等细节入手，加强风险管控。三是加强风险隐患智能化防控，加快建设安全生产监测平台，结合应急指挥中心和垂管系统信息化建设，实现"网络＋安全生产"信息管理平台，实现粮食生产和储备作业标准化、安全管理规范化、风险管控智能化的目标。

（来源：国家粮食和物资储备局储备安全和应急物资保障中心承担的2021年度国家粮食和物资储备局软科学课题《国家粮食和物资储备系统风险隐患双重预防体系建设研究》。课题负责人：高寿峰，课题组成员：邢筱豫、郑宏凯、王苌磊、刘雨萌、董占元、孙晓东、王婉如、姜滨、李梦璐、黄斌，中国粮食研究培训中心石光波摘编，王世海审核）

加快推动省域应急物资储备体制机制改革

——以江苏省为例

近年来，江苏省对应急物资储备体制机制改革进行了一些实践探索，出台了突发事件总体应急预案和分类别应急预案，以及专项资金、应急物资储备等管理办法，探索实施省级物资储备工作联席会议制度，应急物资储备工作机制有序运转，明确划分相关部门的职责，做到各司其职、高效协同。江苏省积极总结经验，分析体制机制问题短板，提出了提升储备治理能力的对策建议。

一、突出问题短板

（一）**管理体制尚不健全**。一是规章制度建设滞后。江苏省粮食和物资储备局、发展改革委、商务厅、应急管理厅和财政厅联合印发了行政规范性文件《关于明确职责分工进一步加强我省物资储备工作的意见》，对物资储备部门职责做了较为清晰的界定，但该意见缺乏强制约束力；《江苏省应急物资储备管理办法》等事关应急物资储备工作全局的政策还处于征求意见阶段，暂未形成有较高权威性的地方政府规章。二是储备管理分散。不同应急储备物资分散在各个部门分别管理，部门间储备管理职责冲突、协调不力情况在现有制度框架下难以根除，特别在市县层面问题更为突出，不同地区、不同部门管理水平参差不齐，不同系统、不同灾种之间协调难度大，导致应急物资储备资源难以有效整合，直接影响应急物资保障水平。

（二）**运行机制亟待加强**。一是储备方式单一。现有应急物资储备以实物储备、政府储备、通用物资为主，品种数量有限，还存在不同部门间重复储备通用物资的问题，对专用物资以及合同储备、产能储备、技术储备等多元储备方式探索较少。二是储备目录更新机制缺乏。国家储备物资实行目录管理，应急物资储备不仅存在动态需求的变化问题，还存在因各品类物资管理部门不同造成的信息交流补偿、协调成本较高等问题，使得储备计划制定存在较大的随意性。在新冠肺炎疫情暴发前，江苏省主要执行的是 2006 年下发的《卫生应急基本物资储备目录》，后来虽有个别调整但未全面更新，在疫情冲击下即暴露出储备品类数量明显不足的问题，储备目录调整的滞后现象突出。三是应急响应机制有待强化。随着极端天气频发、经济社会风险发生深刻变化，应急管理难度不断增加。现有物资储备信息化建设比较滞后，难以满足"集中管理、统一调拨、统一配送"的实际需求，直接影响应急物资快速响应的效率。

二、改革对策建议

（一）**加强省级应急物资储备顶层设计**。一是建立健全法规政策体系。围绕"储什么""谁来储""怎么储"等问题，出台省级应急物资储备管理办法和推进物资储备体系建设的政策法规、行动方案。二是明晰职权分工。明确各类储备物资的物权归属、行政管理职责和支出责任。合理划分省级政府和市县政府的责任，分级管理、分级负责，逐步探索形成职责清晰、运行规范、监管有效、保障有力的物资储备体系。三是健全联席会议制度。推进省物资储备工作联席会议制度规范化、常态化，建立工作规则，通过全体会议和专题会议履行职责，形成应急物资储备管理统筹合力。

（二）**构建多元互补的应急物资储备体系**。一是夯实政府实物储备。省级储备立足于"防大害、救大灾、抢大险"及应对各类重大自然灾害，加强省级统筹、归口管理。市县级储备立足于辖区内和周边地区的应急保障，分级分类别落实储备责任。二是加强协议储备。探索适宜本省特点的协议储备品种范围，形成具有可操作性参考领域的日录清单，建立应急物资采购企业清单，采储结合，提升储备规模弹性和应急保障能力。三是巩固产能储备。鼓励探索应急产业发展新模式、新业态，创新应急产品与服务，充分衔接实物储备和平时生产能力、平战转产能力和动员潜力，预置适度产能冗余备份。四是倡导社会储备。鼓励社会组织参与公共安全、优势产业发展、重大民生需求等重点领域物资储备，推动建立企业社会责任储备，支持企业建立商业储备。五是鼓励家庭储备。支持和鼓励居民以家庭为单位，适量储备必要的生活物资，发布适宜当地地理气候特点和居民生活习惯的家庭储备建议清单，用于应对应急响应最先一公里的难题。

（三）**完善应急物资储备目录及生成机制**。一是优化通用物资储备品种。考虑市场波动、突发事件等多种场景，动态优化生活物资储备品类，保障目标人群生活需求。二是完善专用物资储备品类。以省内历史最大规模突发事件"峰值需求"为参照，根据日常消耗量和保障天数测算专用物资需求，合理确定储备规模结构和波动区间。三是健全应急物资储备需求研判和生成机制。重点加强物资储备能力评估，科学评估影响物资供应保障的风险概率和危害程度，考虑历史峰值需求和必要备份、适度冗余，研究提出储备品类、方式和规模需求。

（四）建立应急物资储备快速响应机制。一是提升储备物资配送能力。建立政府、企业、社会组织等共同参与、统一指挥、资源共享、调度灵活、配送快捷的应急物资快速调配运输体系。搭建全省运力"一张网"，建立高效的应急物资运输"绿色通行"保障机制。加强交通运输与生产储备有效衔接，提升综合型物流基地和交通枢纽能力，分级分类引导生产、仓储、运力向物流枢纽集中，建立应急物流保障重点企业名单。二是推进信息化建设。为应急调度指挥提供数据和技术支撑。构建省级物资储备数据中心，以政府实物储备、协议储备数据为底数，以产能储备、社会储备数据为补充，实现应急物资储备全要素、全品种、全流程的数据互联互通。加快推进仓储管理自动化智能化改造，实现对物资采购、入库、存储、出库、运输和分发等全过程的智能化管理。

（五）全方位提升应急物资储备治理能力。一是加大物资储备监督力度。规范平时、急时物资储备监督主体，构建物资储备调动监督和绩效评估的考核评价体系。实现全程监督、有效监督，确保各级各领域物资储备物资到位、仓储设施到位、人员经费到位、配送能力到位等。明确不同物资储备监督主体职责分工，重点加强专业、行业和属地监管的统筹协调，强化各级地方政府对政府储备、社会责任储备的属地监管责任。二是优化物资征调轮换流程。建立健全储备物资临时征用和补偿机制，完善储备调用动用预案，实行储备分级动用，引导企业释放商业储备、动用社会责任储备。三是严格仓储安全管理举措。制定完善储备物资生产、轮换、损溢管理等规章制度，以信息化促进业务流程规范化、基础管理精细化、账表卡簿标准化，守住政府储备数量真实、质量良好、储存安全、运作合规的底线，确保物资储备库及库存物资安全可靠。

（来源：江苏省粮食和物资储备局、江苏省社会科学院共同承担的2021年度国家粮食和物资储备局软科学课题《加快推动省域应急物资储备体制机制改革研究》。课题负责人：董淑广，课题组成员：戴文明、王轩、吕永刚、唐高胤、徐春华、李慧，中国粮食研究培训中心唐安娜摘编，王世海审核）

加快实现西部地区国储仓库数字化转型

我国西部地区能源储量丰富，基础重工业多，融合发展潜力巨大，西部地区国储仓库的数字化转型对完善国家储备整体布局、提升服务国防建设能力具有重要意义。内蒙古粮食和物资储备局从西部地区国家战略物资储备仓库信息化建设，国贸食品科学研究院从政策性储备物资全过程信息化管理，分别提出了加快推进信息化建设的对策建议。

一、信息化现状问题

（一）**先期顶层设计不足**。过去不同国储仓库各自信息化建设起步时间不同，侧重方向和技术标准未经统一规划，信息采集的种类、方式、硬件技术和数据格式无法统一协调，导致现有信息化技术实现数据的互联互通有难度，形成了若干"信息孤岛"。视频数据缺乏大数据联网和智能视觉分析，业务数据无法实现汇总叠加和有机整合，未建立流程可追溯的物资监管平台。分散在各部门的应急管理系统未充分整合，没有形成统一的应急管理调度指挥平台。

（二）**基础设施滞后**。硬件方面，大部分设备超期运行，速度慢、故障率高；监控设备模拟信号分辨率低，部分设备失灵；安防监控系统缺乏必要的现代化功能。软件方面，缺少统一的信息化管理平台和相关应用，综合管理仅停留在电子文档和表格的信息化初始阶段，日常管理和业务流程操作仍是人工手填方式，难以保证准确率和获取实时数据。无法实现物资类别和位置精准定位，影响紧急调运效率。

（三）**仓库管理和作业标准不一**。缺乏针对物资特性和质量管理要求的储存状况监测技术，无法实现库房内外环境、物资储存状况、品质变化、垛形变化的实时监测和预警报警。库房缺乏环境调节技术设备。物资包装和运输单元缺乏统一标准，不便于装卸、码垛的机械化操作，自动化设备应用较少。库房种类多样、标准不一，不利于物资存放标准化管理，对物资流转全过程数字化转型形成阻碍。

二、数字化转型的对策建议

（一）**推进仓储管理和作业标准化**。一是建立仓储管理标准化体系。对各类仓库、物资、垛形、包装、计量等进行统计汇总、分类分析，建立涵盖基础条件、保管物资、安全生产、出入库作业的全过程仓储管理标准体系。二是建立技术安防监测系统。利用计算机视觉技术摄像头自动采集仓内外视频，应用周界入侵警报、人脸识别、入侵追踪和联动报警等技术，实现安防监控视频连接全覆盖。三是提升智慧物流管理水平。对标京东、苏宁等国家智能化仓库物流示范基地的智能化系统，运用条码和卫星定位技术，实现物资全链条追溯定位；运用现代化搬运设备，实现物资调拨自动化分拣运输。

（二）**开发物资编码信息追溯智能管理系统**。建立物资编码可追溯系统。形成从调拨计划下达到入库、存储、盘库、出库、跟踪的信息化作业流，实现物资收储全过程可追溯，数据、信息实时共享。采用二维码、RFID 等识别技术，将"物资码"作为核心载体，通过移动终端完成物资入库、在库、出库作业，实现本库房及本单位基于"物资码"的物资管理账、卡、物、码的"四统一"，形成以物资流转为基线的全程可追溯的数字化信息链。应用虚拟现实技术，实时展示库区物资品类、数量、存储位置以及保管状况等物资基本情况，以满足物资日常管理和应急调拨之用。

（三）**建立统一的物资监管和应急指挥调度平台**。一是构建"智慧储备"系统。由国家粮食和物资储备局统一开发系统，垂管局和国储仓库按照国家粮食和物资储备局的设计要求开发数据接口和设备选型，在满足全国统一联动基础上，地方可自主添加个性化模块。实现储备详情监管、视频监控、可视化追溯、综合分析和报表管理的全流程数字化管理。二是建立大数据预测预警和应急指挥调度平台。建立从国家粮食和物资储备局到国储仓库的三级应急指挥调度平台。实现储备仓库各类信息实时动态掌握，平时管理和急时动用结合，事前风险监测预警和事中应急指挥相统一。

（四）**制订各项标准，支撑数字化转型**。围绕互联互通、信息资源、应用服务、安全保密、运行保障等关键环节，构建适应储备物资信息化发展需要的标准规范体系，制订国家储备仓库总平面图设计指引，不同物资储备的仓库建设标准、设计规范，不同物资特性的储备物资包装、码垛技术标准，统一规范的一般物资信息编码标准、保密物资编码标准等。

（来源：国家粮食和物资储备局内蒙古局、国贸食品科学研究院有限公司分别承担的 2021 年度国家粮食和物资储备局软科学课题《西部地区国家物资储备系统数字化转型有关问题研究》《政策性储备物资信息化建设及应用研究》。课题负责人：李福君，课题组成员：韩东升、黄永恒、杨学兵、马文博、唐慎涛、彭佩松、常世超、李越；课题负责人：杨丹，课题组成员：陈志刚、曹高峰、钱佩祥、翟润、杨君茹、刘苗苗、刘骅鑫、王心雨、武志超，中国粮食研究培训中心唐安娜、石光波摘编，王世海审核）

推进长三角地区战略和应急物资储备保障高质量一体化发展

为落实长三角一体化发展的国家战略，国家粮食和物资储备局长三角地区垂管局召开融入长三角一体化国家战略研讨会，长三角地区粮食和物资储备部门成立了"长三角粮食和物资发展与合作会议"，共同推进战略和应急物资储备规划对接、信息互通、资源共享、平台共建、应急共保等长效机制。安徽局对长三角四省市在战略和应急物资储备区域高质量一体化发展方面进行了有益探索。

一、主要问题

（一）**区域协同保障能力不足。**长三角区域战略和应急物资储备总量与区域内经济体量不匹配。纵向国家储备三级垂直管理体制在如何增强监管合力、分级管控、分级动用方面有待建立科学高效机制，横向储备部门与地方各级政府部门、社会组织、相关企业之间的沟通协作还不够畅通灵活，在保障产业链供应链安全、"韧性"等方面难以有效发挥储备战略保障、宏观调控、应对急需作用。区域内主要是以"联席会议"形式的自发性合作，组织较松散，协同性不强，缺少区域内一体化顶层设计。

（二）**储备方式较为单一。**一是主体单一，以政府储备为主，企业储备尚未有效建立。二是功能单一，现有国家储备仓库基本按类型划分为通用物资仓库、救灾物资仓库、防汛抗旱物资仓库等，资源分散，功能简单。三是资金来源单一，主要来源于国家财政。四是形式单一，以实物储备为主，产能储备未有效建立。

（三）**市场机制运用不够**。战略和应急物资储备实行行政性、指令性、计划性管理方式，采购通过计划逐级审批。市场机制运用不够，在采购、仓储、调用、轮换等各环节市场没有充分发挥作用，市场机制的优势没有有效利用。

（四）**战略布局考量不足**。东南沿海战略方向是融合发展的重要方面，但在结合长三角地区特点、基础设施布局、储备品种规模上，没有专门性地进行战略需求对接，与储备需求衔接、仓储资源共享、联合保障协同的国家储备融合发展要求不相适应。

二、对策建议

（一）**开启区域一体化试点**。开启粮食和物资储备系统长三角一体化发展试点，作为粮储系统区域一体化先行区。建立长三角"大储备"体系，加快储备基础设施建设，统筹管控各类储备物资、掌握产能储备，优化品种结构，增加防范新型风险的物资储备，增加防范"卡脖子"和供应链"断链"风险的战略性物资储备。构建协同高效指挥机制，发挥系统效应、规模效应、协同效应。设立长三角一体化推动机构，统筹区域内各项物资储备资源，由该机构牵头编制长三角区域整体规划。建立区域联动预案，整合监管执法力量，联合应急演练、宣传培训等。

（二）**发挥多元主体作用**。继续发挥好政府储备主导性作用，将通用仓库打造为综合型储备基地，从"单一功能"模式向融合多种业态的"储备基地"模式转变，承担军事物流保障、国储战略物资、应急救灾物资、防汛抗旱物资、公共卫生物资储备及调运职能。健全企业储备，运用法律手段明确企业社会责任储备，运用经济手段鼓励企业商业储备。调动大型物流企业和电商平台积极性，建立协同机制，利用其仓储、商品和技术优势，保障应急应战物资储备。提高居民储备意识，推广家庭应急物资储备建议清单。

（三）**引入市场化机制**。一是"建设"的市场机制。在基础设施建设上，由财政部分出资，或出台政策引导资本进入，或采取PPP模式。二是"仓储"的市场机制。对进口的储备物资免进口税；企业投资物资并存储于非商业仓库的，每年按照库存物资采购价格支付企业一定的利息费用；对企业商业储备给予优惠贷款、减免税；租用企业仓库储备物资，支付租金和管理费。三是"动用"的市场机制。依据"谁使用、谁付费"原则进行财务核算。深化储备运营市场化改革。与物流企业合作，探索因应平时、急时、战时不同类型需求的配送方式。四是"轮换"的市场机制。给予国家储备仓库（或企业）适当的商品轮换数量自主权。发挥储备畅通国内大循环、促进国内国际双循环的保障作用。

（四）**布局重要战略方向**。结合国家储备融合发展要求，针对东南沿海战略方向履行战略性使命进行布局。一是"摸清底数"，进行需求对接，保障物资供应和补给；二是"专门布局"，在基础设施建设、储备品类和平战结合等方面不断深化融合。

（来源：国家粮食和物资储备局安徽局承担的2021年度国家粮食和物资储备局软科学课题《长三角地区战略和应急物资储备保障高质量一

体化发展研究》。课题负责人：荀旭，课题组成员：王静、李少朴、朱林宇、徐松、何春雷、张明、李斌，中国粮食研究培训中心唐安娜摘编，王世海审核）

新形势下国家储备通用仓库改革的建议

目前，全国物资储备通用仓库（含转产、未存放储备物资的仓库），分布在25个垂直管理局。其中，大部分通用仓库储存黑色金属、有色金属、天然橡胶等几十个品种的战略储备物资；另有部分转产通用仓库和港口办事处，因地理位置偏僻未进行安全改造，不具备储存国家战略和应急物资条件，主要开展"四代"（代储、代运、代装卸、代保管）业务，服务地方经济。江西局、安徽局对当前国家储备通用仓库（简称国储通用仓库）如何进行科学定位，规范体制机制，提出对策和建议。

一、问题和不足

（一）**储备品种、数量、布局不合理**。国储通用仓库储存的综合物资老产品多、新产品少，部分储备物资老化明显，存在"有量无用""有用无量"等矛盾。部分储备品种远离产区和消费区，增加了物资轮换、调运成本。地处边远山区的通用仓库，成本高、效率低，制约了储备事业的发展。法律层面缺少对国储通用仓库功能定位、品种规模的明确规定，一些日常管理工作缺乏权威性。

（二）**仓储功能不配套**。国储通用仓库基础设施、库房条件、道路交通标准化、规范化、智能化水平低，与当前需承担中央防汛抗旱和应急救灾物资、建设综合性物资储备基地的要求不匹配，难以承担大量专业化、综合性储备任务。

（三）**财政保障不完善**。国储通用仓库是实行差额保障的中央预算事业单位，除财政拨款外，其余部分都要通过经营创收进行弥补。由于财务保障不稳定，许多通用仓库经费紧张、队伍不稳定，难以引进和留住人才。有的仓库由于地理位置等因素运行成本高、效率低，影响计划执行和改革进程；有的仓库把经营创收作为重点工作，造成管办不分、事企不分，弱化了战略物资储备的公益服务功能。

二、国储通用仓库改革的对策建议

（一）**实行事企分离改革**。突出国储通用仓库公益属性，按照是否具备履行战略储备、应急储备、调节储备职能的标准，将国储通用仓库划分为事业单位和企业。将地理位置优越、安全储存条件良好、具备一定储备规模的国储通用仓库保留为事业单位；将地理位置偏僻、不具备安全储存条件、储备规模较小的国储通用仓库、港口办事处等经营实体改为国有企业，不再保留事业单位编制。

（二）**明确财政保障**。被保留为事业单位的国储通用仓库，国家财政对单位人员经费及日常公用支出做好全额保障，执行"按事付费为主＋财政专项补助"的保障制度。国家粮食和物资储备局统筹兼顾，保障事业机构平稳运行。被改为企业的通用仓库实行"资产自营为主＋财政适当扶持（指过渡期）"的国有企业运行机制。

（三）**创新体制机制**。改为国有企业后的通用仓库，主要承接现有事业单位的全部经营活动，也可以为事业单位履行公益性职能提供相关配套服务。一是进行市场化结算。试行按事付费，根据保管量每年计取仓储费用，根据进出库情况计取出入库费用，实行市场化结算。二是实行市场化运营。吸纳企业和社会组织资本投入国家储备建设，拓宽储备运营资金来源渠道。开展地方政府储备物资代储业务，做到设施共用、物资共享，节约地方新建库投资和运营管理费用。

（四）**统筹管理国有资产**。一是各垂管局成立国有资产经营管理公司。统筹辖区内原国储通用仓库剥离出来的资产和改为企业的原国储通用仓库的全部资产。打造国储品牌，形成规模优势。二是对改为企业的原国储通用仓库国有资产进行评估，摸清家底，明确国有资产在改制企业中的投资主体及股权比例，防止国有资产流失。

（来源：国家粮食和物资储备局江西局、安徽局分别承担的 2021 年度国家粮食和物资储备局软科学课题《新形势下国储通用仓库功能定位及管理体制、运行机制改革研究》《长三角地区战略和应急物资储备保障高质量一体化发展研究》。课题负责人：李建辉，课题组成员：甘军、李建辉、王柱国、王军晖、涂中华、杨丽业、梁锋、黄江龙；课题负责人：苟旭，课题组成员：王静、李少朴、朱林宇、徐松、何春雷、张明、李斌，中国粮食研究培训中心石光波摘编，王世海审核）

加强粤琼两省中央应急物资储备建设 提升应对急需能力

粤琼两省在构建以国内大循环为主体、国内国际双循环相互促进的新发展格局中具有举足轻重的作用。为落实《"十四五"国家应急体系规划》，加快形成中央储备和地方储备相融合的粤琼两省区域应急物资保障体系，优化中央应急物资储备在粤琼两省布局，广东局组织调研粤琼两省中央应急物资储备情况，根据当地风险特征和储备需求，提出改进的对策与建议。

一、粤琼两省中央应急物资储备现状问题

（一）**央地应急物资储备责任不清**。应急物资储备管理体制改革后，《中央防汛抗旱物资储备管理办法》《中央救灾物资储备管理办法》急需与当前的顶层管理体制做好衔接，关于中央储备应急物资入库、收储、轮换和使用的全生命周期管理要求与管理规范等实施细则尚未出台，储备责任、管理规范、监督检查等制度安排尚未进一步明确。两省的央地应急物资储备责任不清晰，两省中央应急物资储备的重点品类缺乏常态化清单管理，处于从"有什么储什么"向"要什么储什么"转变的过渡期，对中央应急物资储备品种和规模缺乏科学测算，影响了物资储备计划的科学性。

（二）**储备结构规模与风险特点不相适应**。一方面，两省公共卫生风险防控压力大，人均救灾物资规模低于全国平均水平。粤琼两地人口总量大、人口密集、流动性强、出入境频繁，但粤琼两省储备的中央应急物资主要是救灾物资和三防物资，没有建立中央应急医疗物资储备。从救灾物资看，人均储备规模矛盾较为突出。海南84.4%的防汛抗旱和37.8%的救灾物资依靠中央储备提供。另一方面，自然灾害频发区域财力有限，救灾储备资源布局不平衡。广东省地方各级政府储备的森林防火物资主要分布在珠三角地区，占全省总量的97.6%。粤北生态发展区是全省重要的生态屏障，但该区域经济欠发达、财政压力大，森林防火物资缺口大。海南地处孤岛，地方财政能力有限，应急物资主要依赖中央，极端灾害条件下获得外部应急资源难度大。

（三）**应急物资仓储设施亟待升级**。现有应急物资储备仓库少、仓容小、建设标准低，与中央应急物资储备要求有差距。粤琼两省现有4个中央应急物资储备仓库。其中，中央防汛抗旱物资肇庆仓库（隶属广东省水利厅）和中央防汛抗旱物资海口仓库（隶属海南省应急管理厅）仓容小，难以扩大储备规模；广东局八三〇处和国家粮食和物资储备局海南储备物资管理处两个中央救灾物资库年久老旧，建筑设计不能满足防汛救灾物资储备和紧急调用的要求，各基层仓库财政资金拨付不足、经营创收压力大，没有条件对仓库进行改造升级，弱化了储备仓库的公益属性，也将影响中央应急物资储备任务的有效完成。

二、对策建议

（一）**明确中央应急物资储备责任**。一是健全协调机制。深化广东局与粤琼两省应急管理部门沟通机制，共同研判两省公共安全风险形势，科学分析两地对应急物资品种数量需求，以及对中央储备物资的需求，特别是多灾种叠加和灾害遭遇等突发事件情况下的需求。二是统筹央地储备。摸清中央应急物资储备和各级地方政府与社会应急物资储备的底数，按照"谁主管谁负责，谁处置谁储备"的原则，推动有关部门科学决策应急物资储备的品种、数量和空间布局。三是加强制度建设。加快出台《中央应急物资储备管理办法》，进一步明确国家粮食和物资储备局、广东局和承储单位在中央应急物资管理工作中的责任和义务，规范中央储备应急物资生命周期各阶段管理，健全监督检查与考核机制。

（二）**优化中央应急物资储备规模结构**。一是增加中央在粤琼储备规模。按照广东达到、海南高于全国人均应急物资储备量的标准增加储备规模。建立中央在粤（特别是在粤北生态发展区）琼森林防火物资储备，以及公共卫生物资储备。将海南省作为相对独立的应急管理区域，评估海南应急物资储备需求。二是建立多元中央储备形式。建立以实物储备为基础，产能储备、协议储备等多种形式有机结合的中央应急物资储备结构，制定应急物资市场储备协议规范，发挥产能储备在提供使用频率低、需求量大的应急物资筹集方面的优势，健全应急物资产能储备体系。

（三）**升级中央应急物资仓储体系**。以中央应急物资储备结构规模为基准，以提升粤琼两省应急物资储备体系的整体运行效率为目标，科学规划，因地制宜，升级粤琼两省中央应急物资仓储体系。具体措施包括：一是升级广东局八三〇处仓库，利用区位优势将其打造成华南战略应急物资储备基地、战略应急物资储备城市中心节点仓库。二是将八七九处所属仓库建设成为中央森林防火储备库，补齐中央森林防火物资储备在粤北短板，可辐射湘赣鄂等省。三是充分利用深圳盐田九三八处仓储资源，升级改造设立中央应急医药物资储备库。四是在海南布局新的丙类综合仓库，以存放现有中央应急物资，并为将来增加的中央应急物资规模提供充足的仓容和安全的储存条件。

（来源：国家粮食和物资储备局广东局承担的 2021 年度国家粮食和物资储备局软科学课题《中央应急物资储备在粤琼两省的布局研究》。课题负责人：张依涛，课题组成员：廖桂兴、唐攀、田海妍、赵穗江、何金松、张泽添、丁洁芬、郝志银、解笑愚，中国粮食研究培训中心唐安娜摘编，王世海审核）

第 三 篇
深入推进
优质粮食工程

打造优质粮食工程升级版
推进饲料粮产业高质量发展

近年来，国家以小麦、稻谷等口粮品种为重点，大力实施优质粮食工程，推动农业供给侧结构性改革和粮食产业高质量发展，取得了显著成效，城乡居民口粮数量得到有效保障，质量有了大幅提升。随着生活水平不断提高，消费结构不断升级，肉蛋奶等粮食转化产品消费需求快速增加，需求侧对饲料粮的数量和品质提出了更高要求，饲料粮安全成为国家粮食安全的重要变量，保障饲料粮安全面临的风险挑战日益突出。建议更加重视饲料粮供给安全保障，拓展优质粮食工程实施范围，打造优质粮食工程升级版，大力推动饲料粮产业高质量发展，更好满足人民美好生活需要，促进构建更高层次、更高质量、更有效率、更可持续的国家粮食安全保障体系。

一、饲料粮供需现状基本特点

我国畜禽配合饲料以"玉米—豆粕"配方为主。其中，玉米是最主要的能量饲料原料，小麦、高粱、大麦等作为能量原料的补充；大豆是最主要的蛋白饲料原料，油菜粕、棉粕、葵花籽粕、鱼粉等是蛋白原料的补充。

（一）**饲料粮需求总量呈快速增加态势**。我国经济持续快速高质量发展，居民粮食营养水平不断提高，膳食结构发生了巨大变化，突出表现为人均主食口粮消费减少，肉蛋奶等动物性食品消费日益增加，使得饲料粮消费需求快速增加。据 FAO 统计数据显示，从总量看，2000—2018 年，我国谷物消费量从 3.79 亿吨增加到 6.29 亿吨，增幅 66%；饲料粮消费从 1.16 亿吨增加到 2.45 亿吨，增幅 111%。从人均消费量看，同期人均谷物消费从 287.1 公斤增加到 430.8 公斤，增幅 50.1%；饲料粮消费从 87.9 公斤增加到 167.8 公斤，增幅 90.9%。2020/2021 年度我国饲料用粮达 2.94 亿吨，同比增长 31.4%。未来一个时期，居民动物性食物消费量还将持续增加，饲料粮消费需求将成为粮食消费总量刚性增长的主要方面。

（二）**能量饲料粮供求紧平衡**。玉米是世界和我国产量最大的谷物品种，我国约有 70% 的玉米用作饲料，饲料中 70% 以上能量原料来自于玉米。玉米需求量随着饲料消费量的增加快速增长，目前已经产不足需。有关机构数据显示，2019 年全国能量饲料粮消费约 2.3 亿吨，其中玉米占 84%，达 1.93 亿吨。国家粮油信息中心数据显示，2020/2021 年度我国饲用玉米消耗 2.2 亿吨，同比增长 18.3%。为了保障市场供应，我国玉米等能量饲料原料进口数量快速增加。2020 年累计进口玉米、大麦、高粱等能量饲料 2436.88 万吨，较上年增长 108.4%。其中，玉米 1129.39 万吨，同比增长 135.8%；大麦、高粱分别进口 807.94 万吨和 481.37 万吨，同比增长 36.3% 和 478.5%。预计未来一段时期，随着生猪养殖继续发展、禽料需求维持高位，饲料粮需求总体回升，加之工业消费稳步增加，国内玉米供给将长期偏紧，我国能量饲料进口仍将保持强劲势头。

（三）蛋白饲料粮对外依存度高。大豆既是世界食用油脂的主要原料，也是饲料生产重要原料，畜禽饲料中蛋白质含量在20%左右，主要来源是大豆豆粕。我国大豆消费需求80%左右用于饲料加工。近年来世界大豆产量和消费量都快速增加。据美国农业部资料，2020年世界大豆产量为3.62亿吨，比2000年增长105.7%；消费量3.7亿吨，增长105.5%。产量增加主要靠美国、巴西、阿根廷，三国产量占全球82%左右。消费量的增长中，中国消费增加最多。国家统计局数据显示，2020年我国大豆产量1960万吨，比2000年增长27.2%，仅占世界的5%；而消费达到1.17亿吨，比2000年增长344%，占世界的30%。由于产需缺口巨大，我国大豆进口数量很大，进口依存度很高。据海关统计，2020年我国大豆进口超过1亿吨，同比增加13%，占世界大豆贸易量的60%，占全国粮食进口总量的72%，是国内产量的5倍多。

二、饲料粮安全面临的主要问题

（一）国产优质饲料粮有效供给不足。不同种类的畜禽对饲料营养要求不同，对饲料营养成分甚至是在不同生长阶段对同一种饲料营养含量的要求也各不相同。当前国产饲料粮品种创新不够，生产侧与需求端尚未有机衔接，农民生产出来的饲料粮质量稳定性不够，不仅单产水平低，营养成分含量差异大，还经常发生较大面积生霉粒、破损粒、真菌毒素含量超标等问题，不能很好满足动物营养需要，既造成生产资源的浪费，也影响农民利益和饲料养殖企业效益，成为粮食产业高质量发展的短板弱项。比如，我国玉米单产约为 420 公斤 / 亩，大豆单产约为 130 公斤 / 亩，仅为国际先进水平的三分之二。产量高、质量好、抗逆性强、环境友好、满足专用品质需求的玉米和大豆等饲料用粮品种研发少，生产种植面积小，优质饲料粮产量不足，总体处于"农民种什么、企业就收什么、饲料就用什么"的状态，没有做到饲料粮的优粮优产、优粮优购、优粮优储、优粮优加、优粮优销"五优联动"。

（二）**进口饲料粮来源高度集中**。近年来我国粮食生产稳定发展，确保了谷物基本自给，口粮绝对安全，但饲料用粮缺口不断增大，主要通过进口弥补，进口来源集中在少数国家。2020 年，全国进口粮食 1.4 亿吨，其中口粮品种仅占 6%，其余 94% 是大豆、玉米等饲料和工业用粮。进口大豆的 97% 集中在巴西、美国、阿根廷 3 个国家，其中巴西占 64%，美国占 27%。进口玉米的 94% 集中在乌克兰、美国 2 个国家，其中乌克兰占 56%，美国占 38%。进口大麦 93% 来自乌克兰、加拿大、法国和澳大利亚 4 国，进口高粱 100% 来自美国、阿根廷、澳大利亚 3 国，进口玉米酒糟粕（DDGS）99% 来自于美国。尽管如此，我们还进口大量的肉类。海关数据显示，2019 年，我国进口肉类 484 万吨，比 2001 年增长 1.9 倍；乳品从 87 万吨增加到 306 万吨，比 2001 年增长 2.5 倍；水海产品进口 444 万吨，比 2001 年增长 0.7 倍。如果这些产品全部依靠国内生产，我国饲料粮的需求总量将进一步增加。

（三）**市场价格剧烈震荡**。近年来，随着粮食能源化、金融化趋势演进，世界粮食市场波动频率和幅度超过以往。同时，贸易禁运、出口禁（限）令等贸易限制增加了国际粮食供应链不稳定因素，由政治、经济、社会等环境因素变化所形成的系统性风险，正越来越深刻地影响着全球粮食市场。饲料粮品种是粮食市场中最为敏感的品种，市场震荡程度和频率大大高于口粮品种。上世纪 90 年代的 10 年间，全球仅发生过一次粮价剧烈波动，本世纪以来国际市场粮价已出现 4 次较大波动，2008 年、2012 年波动幅度较大，有的品种涨幅达 1 倍以上。比如，这次新冠肺炎疫情全球大暴发以来，有 20 多个国家采取限制粮食出口政策，全球粮食供应链贸易链受到冲击，世界谷物价格指数上涨至 10 年以来的最高水平，国际玉米价格一度同比飙升 89.3%，为近 20 年以来最高。

三、建议大力发展优质饲料粮产业

（一）**根据市场需求，研发推广优质专用饲料粮种子**。强化玉米和大豆的良种攻关研究，提高单产；增加以绿色生态为导向的育种研发力度，生产饲用版中国好玉米和中国好大豆；培育畜禽专用饲料品种，发展适用品种，提高利用效率。如，种植粮饲通用型玉米，既能有效提供饲料资源，将畜牧业和种植业有机结合起来，又能有效解决秸秆过腹还田和农牧交错地带的粮饲争地等问题。关注饲料粮区域分布，根据地域特点确定饲料种植品种，根据养殖需求确定种植面积。

（二）**出台标准规范，建设优质专用饲料粮生产基地**。建立优质饲用玉米和大豆配套技术体系，规范技术流程，为规模化推广提供技术支持；建立符合我国农村经济机制的饲用玉米和大豆产业化运作体系，实施一体化经营；建立优质饲用玉米和大豆的标准化生产基地，促进提质增产增效；推进技术创新，优化饲料加工工艺，提高饲料粮利用率和附加值，减少饲料浪费。

（三）**加强产销衔接，有效传递优质饲料粮市场信号**。完善饲料粮市场信息监测和发布机制，随时掌握饲料粮供求数量、品质和市场价格变化，为市场参与主体和决策部门及时提供信息指导和服务。积极通过互联网平台、产销合作洽谈会等，线上线下多渠道组织粮食购销和仓储企业，加强区域间饲料粮调运，引导鼓励饲料用粮企业在产区建立优质专用饲料粮生产基地，做到按需生产、定制化生产。提升粮食企业和饲料养殖企业信息化、自动化和智能化水平，因地制宜改造完善仓储设施功能，提高储存环节的绿色储粮技术应用比例。

（四）**加强储备调节，确保市场供应和价格基本稳定**。顺应饲料粮在国家粮食安全保障体系中的重要性、敏感性、脆弱性增强的形势变化，各级政府要通过轮换吞吐、购销调节调控饲料粮供求关系，确保市场价格基本稳定，降低国际市场剧烈震荡对国内市场的不利影响，保护国内农民生产饲料粮的积极性，为国内粮食购销企业和饲料加工养殖企业持续发展营造稳定的市场环境，保障居民对肉蛋奶等粮食转化产品供应。

同时，以国内标准适度进口优质饲料粮，进口中国标准的好玉米、好大豆，引导粮食出口国按照我国标准生产和出口优质专用饲料粮，并拓展饲料粮进口渠道，稳定进口来源，增强我国在国际饲料粮市场的话语权。

（来源：中国农业科学院农业信息研究所、中国粮食研究培训中心共同承担的 2021 年度国家粮食和物资储备局软科学课题《推进优质饲料粮建设，助力粮食产业高质量发展研究》。课题负责人：王锐，课题组成员：王世海、杨勇、刘珊珊、李敏、高丹桂、杨永前、崔菲菲、张慧杰，中国粮食研究培训中心高丹桂、刘珊珊摘编，王世海审核）

拓展深化"五优联动"湖州模式
推动打造优质粮食工程升级版

深入推进优质粮食工程是促进粮食产业高质量发展，增强粮食供应链韧性，实施国家粮食安全战略和乡村振兴战略，高质量发展建设共同富裕示范区的重要举措。浙江省认真总结前期"五优联动"湖州模式实操经验，深入分析存在的问题和面临的挑战，提出进一步拓展深化以"五优联动"为核心的湖州模式，着力打造优质粮食工程升级版的对策建议，对全国具有典型示范意义。

一、"五优联动"湖州模式的主要做法及成效

面对本地优质粮源供给不足成为制约浙江粮食产业高质量发展的"瓶颈"问题，湖州市先行先试，以"五优联动"为抓手，将带有储备指标、储备仓容、收购资金、仓储管理的"空仓"使用权以粮食出入库购销价差为竞标内容，经公开招标，向中标粮食加工企业授予国有粮库仓容使用权，联结上下游粮食生产和加工，带动"五优联动"的整体高效联动。同时，通过组织开展大米食味评鉴会，为粮农提供优质良种，实行标准化、规模化种植，升级优质粮供给；国有粮库对优质稻谷采取单收单仓准低温储存，保持粮食品质；制定发布"湖州好大米"系列团体标准，打造"湖州好大米"

区域公共品牌，引领区域优质大米品牌提升。"五优联动"湖州模式得到国家粮食和物资储备局和省政府充分肯定，在全国同行中产生较大影响，起到了示范带动作用，全省"农民增收、企业增效、财政减支、消费者得益"的多赢效益初步显现。

二、存在的问题及面临的挑战

（一）**多元主体联结机制有待进一步完善**。一是湖州模式运行过程主要依托国有储备仓储资源，串联了粮库、粮企、粮农这几个粮食产业链的核心主体，但育种单位、种子公司、农机农资供应商、产后服务中心、销售企业等多元主体间联结机制不够顺畅紧密。二是"湖州模式"中储备粮轮换采取贴近市场需求的"一年一轮换"，但受储粮品种单一问题影响，为严格确保储备70%库存底线，市县能够实施"一年一轮换"的规模受限，同时"一年一轮换"增加了出入库频率，仓储管理的工作量和费用支出增加，而"优粮优价"产生的效益受浙江省储备粮财政结算方式影响，无法体现在企业收益上，影响了国有收储企业的积极性。

（二）**金融创新手段和合作定价机制需进一步健全**。一是粮食加工企业融资难。目前农发行仅对国有收储企业按最低收购价部分粮食提供贷款，对于优质粮食价格高于最低收购价部分不再提供贷款，随着收购数量增加和自行收购需要，粮食企业面临资金占用大的困难。二是保险手段还不多。虽然"湖州模式"创新推出储存期的价格指数保险，但收购环节的保险、储存期的财产保险等还未运用。三是定价市场化程度不高。订单收购价格一口定价、销售定价政府托底等运用还存在，稻谷价格市场监测平台品种少、区域小、监测机制不完善等制约着价格信息的运用和推广。

（三）**粮食品质管控和公共品牌塑造亟需提升**。一是目前在粮食生产、存储、加工、销售等各环节的粮食品质全程管控监督体系还未形成，现有检验能力难以适应粮食品质监督检查评价追溯全覆盖的需要。二是浙江的粮油知名品牌少，区域粮油公共品牌刚起步，各地缺乏粮油品牌塑造管理经验，推动品牌成长尚需探索。

（四）**绿色储粮、粮机装备和数字化水平有待提高**。目前浙江省多地智能化控温粮仓还不能完全满足优质稻谷分品种分等分仓和控温储藏需要，各地低温准低温成品粮公共仓急需改造提升，粮油加工企业粮机装备的自动化、智能化、规模化水平还不高，通过数字化运用加强"五优联动"优质粮食从种植到销售全过程的质量追溯系统有待进一步开发应用。

三、对策建议

（一）**强化典型引领**。一是完善湖州模式合作共享机制。鼓励更多的育种单位、种子公司、粮食专业合作社、种粮大户、粮食加工企业等多元主体以"产销一体、收益共享、风险共担"为目标，建立"五优联动"粮食产业化联合体，更加紧密地参与利用国有储备仓储资源推进"五优联动"，共同分享"优质优价"增值收益。二是健全储备粮轮换协调机制。在确保储备粮安全前提下，通过在年度轮换计划内允许替换轮入其他粮食品种、由省内粮食企业参与阶段性动态储备、探索建立省内储备库存公共池等储备粮轮空期控制新模式，同时探索试点"五优联动"储备费用包干制，提高收储企业参与"五优联动"积极性。三是创新"信贷＋保险"金融服务模式。加强与银行保险等金融机构合作，创新开发优质晚稻价格指数保险、水稻最低收购价保险、全省骨干粮食企业粮食共同担保基金等保险、信贷产品，合理规避市场经营风险。四是构建长期稳固的优质粮源产销合作模式。探索开展"粮食企业＋储备＋省外基地"的合作共享收储模式，鼓励引导省内企业到主产区建立种植、加工和中转仓储基地，增强对省外优质粮源的掌控力，保障优质粮食供给。

（二）**实施"六大工程"**。一是良种优产和品质品牌提升工程。健全面向消费者的优质粮食品种遴选机制，建立浙江本地主打良种目录；引入专业化粮食生产企业，联合育种单位、种子公司等，通过统一订单、统一供种、统一田间管理、统一技术服务、统一收储，形成规模化种植、专业化服务、标准化生产；引导产业链全过程质量管控，制定涵盖种植、加工、储运、质量追溯等各环节质量管控过程的《浙江好大米》系列团体标准；打造"浙江好粮油"公用品牌＋N个区域公用品牌＋N个企业品牌的特色粮油品牌矩阵，探索线上与线下相融合的智能销售模式。二是绿色储粮提升工程。根据浙江中温高湿储粮生态区和优质粮食分品种分等分仓控温保鲜储存需要，强化仓房的气密和保温隔热等关键性能，升级改造现有粮食仓储设施；探索推行控温保鲜储粮技术，建立健全绿色储粮标准规范体系；大力推进粮情感知、远程监控的系统化和智能化，实现"天天大清查"；提升改造控温成品粮仓，确保成品粮品质保持并维持必要应急库存量的需要。三是数字赋能和质量追溯工程。依托"浙江粮仓"数字化平台，建设"五优联动"综合服务模块，涵盖"产购储加销"全环节的行业管理和产业服务；对"五优联动"优质大米品牌从供种到销售全过程，通过标准引导，进行基础信息和质量检测结果采集录入，全程留痕，实现优质大米质量数字化全程追溯；开发粮食市场价格数字化监测平台，为"五优联动"各参与主体提供准确、透明的价格信息和定价依据。四是粮机装备和加工产业提升工程。推动粮机装备向机电一体化控制、微机智能控制以及大型化、成套化和自动化方向转型，提高自产粮机装备使用率；支持粮油加工企业实施装备智能改造、绿色改造，提高产品质量和市场竞争力；扶持一批"五优联动"中带动力强的重点龙头企业，推广集粮食生产、仓储、物流、加工、贸易为一体的全产业链发展模式；鼓励各地开展粮食产业园区建设，逐步形成大米、面粉、饲料、主食产业化等加工企业的空间集聚，做强粮食产业。五是粮食应急保障能力提升工程。通过整合与建设，确保每个市县不少于一个粮食应急保障中心；推进市县与当地口粮供应相匹配的应急加工能力建设，每县至少有 50 吨以上的大米应急加工能力；改造提升 20 个重点粮食批发市场，推进各地粮食批发市场的设施现代化、管理专业化、品牌优质化、交易智能化，显著增强区域保供稳市能力。六是粮食节约减损工程。支持粮食收储企业配建集烘干、清杂、除尘、杀虫等于一体的深度清理净粮中心，发挥"五代"功能，确保颗粒归仓；鼓励支持综合利用加工，提高加工出品率和副产物的综合、全值、梯次利用；强化爱粮节粮健康消费宣传，建立一批爱粮节粮教育宣传基地。

（三）**加强政策保障**。调整优化粮食安全市县长责任制考核内容，加大优质粮食工程考核力度；在省粮食安全专项资金中设置"五优联动"工作因素，根据各地实施情况加大补助力度，对优质粮食工程建设改造项目按先建后补原则分年度支持；加大项目建设用地支持和金融信贷支持力度，鼓励企业参与推进优质粮食工程建设；积极探索收储制度改革，完善粮食价格形成机制，充分发挥市场机制对粮食价格的调节作用，形成"优质优价"导向，实现流通引导生产。

（来源：浙江省粮食和物资储备局、湖州市粮食和物资储备局共同承担的 2021 年度国家粮食和物资储备局软科学课题《深化"五优联动"湖州模式 打造浙江"优质粮食工程"升级版对策研究》。课题负责人：周维亮，课题组成员：李益敏、张如祖、王坚、孙强、张谷平、吴彤政、孙石勇、余伟刚、钱国良，中国粮食研究培训中心刘珊珊摘编，王世海审核）

发展特色粮食产业
加快产业集群建设　助推乡村振兴发展

安徽省是全国重要的粮食主产区，粮食品种齐全，资源优势明显；近年来，全省粮食总产量保持在800亿斤左右，居全国第4位，平均年调出省外粮食200亿斤，为保障国家粮食安全作出了重大贡献。山西省独特的山岭地貌，丰富的粘质土资源，加上昼夜温差大，为发展小杂粮种植提供了得天独厚的地理环境和气候优势，其特色粮食产业发展初具规模，优良品质的杂粮产品深受广大消费者喜爱，已成为我国重要的杂粮生产基地。本文通过深入分析安徽和山西粮食产业发展现状、特色及优势，结合乡村振兴战略，研究提出了未来粮食产业发展方向、布局及相关政策建议。

一、安徽省粮食产业集聚发展的典型实践

（一）政府指导培育型——**阜南县粮食产业园区**。2017年以来，阜南县按照"良种示范种植→建设粮源基地→就地加工转化"的思路，推动粮食产业快速发展。2018年引进中粮贸易公司，从全县百余个小麦品种中选育出6个品种，以整村式推进方式开展1.5万亩优质小麦的试点种植。2019年与中化农业合作，采用"示范企业＋合作社＋农户"模式，在全县26个乡镇实现30万亩小麦的

规模化种植，建设优质粮源基地。2020 年与山东中裕食品开展粮食深加工合作，建设 30 万吨面粉和食品加工厂，实现原粮就地加工转化。建设集粮食储备、检验、加工、贸易服务于一体的皖西北（阜南）粮食产业园，建成了 12.6 万吨高大平房仓、粮食质检中心、产后服务中心，成为阜南县促进乡村振兴的有力支撑。

（二）全产业链整合型——利辛利丰粮食购销有限公司。 利辛利丰粮食购销有限公司是成立于 2009 年的国有粮食收储企业，现有粮食仓容 30 万吨。近年来，该公司主动推进全产业链"产购储加销"整合发展。鼓励员工变身为职业技术农民，参与土地承包、土地流转 2 万余亩。利用"国有粮食企业"金字招牌，与"中盐红四方""安徽荃银高科"等企业开展合作，解决种、肥、农机、保险等农业生产及服务问题；与五得利面业、贵州习酒和古井集团等，开展优质小麦和高粱订单种植，稳定粮食收购渠道，增加企业和农民收入；开展"粮食银行"业务，妥善解决农民卖粮难、晒粮难、储粮难问题；2021 年，与山东利生面业达成合作，积极拓展粮食和主食加工业务。目前，该公司完成市场粮经营量 29.8 万吨，实现销售收入 3.28 亿元。

（三）循环工业园区型——阜阳颍东食品产业园。 依托颍东经济开发区，阜阳颍东食品产业园大力推进粮食产业化集群发展，入驻食品企业 60 余家，规模以上企业 28 家，农业产业化龙头企业 33 家，其中高新技术企业 10 余家。坚持把粮油食品加工作为主导产业，业务板块涉及原粮收储、米面油、主食和方便食品、旅游休闲食品、调味品饮品、生物保健品、饲料，以及畜禽蛋奶、电子商务、物流配送和包装设计与印刷等。截至 2020 年底，园区米面年加工能力 30 万吨，年产方便面、糕点、膨化食品等 20 万吨，调味品、饮品和生物保健品 5 万吨，畜禽饲料 20 万吨，工业总产值达 40 亿元。

（四）专业合作组织带动型——涡阳大豆产业集聚区。"涡阳大豆"具有营养成分高、脂肪含量低等特点，特别适合豆制品加工，2017 年获得国家地理标志证明商标。全县常年种植面积 150 余万亩，年均产量 17 万吨。近年来，涡阳县依托大豆种植、生产加工等专业合作组织和优质大豆产业协会，引进了安徽爱家食品、德运粮油和华商科技等龙头加工企业，与亳州农科院合作，成立了涡阳县粮食（大豆）产业联合体，形成了年产酱油、酱制品、调味品 7 万吨，豆腐、豆皮、豆干、腐竹等大豆制品 3000 余万吨的加工能力。2020 年，全县大豆产业生产总值达 7.3 亿多元。

（五）高新技术带动型——合肥智能粮机产业集聚区。近年来，合肥市依托中国科技大学、中电科第 38 研究所和中国科学院合肥物质科学研究院等顶尖科研院所，逐步形成了以中国声谷人工智能产业园为牵引，以美亚、泰禾等上市公司为核心，以安徽高哲、博微长安、永成机电等公司为骨干的从事研发制造粮食光电色选、AI 品质检测，以及智能干燥和包装机器人等智能粮机装备的全国规模最大的产业集聚区。目前，合肥及六安部分地区拥有智能粮机装备制造企业 100 余家，年生产总值近 50 亿元，尤其是粮食光电色选产品份额居全球前列。

（六）批发市场带动型——太和粮食批发产业集聚区。太和县耕地面积 170 余万亩，全年粮食产量稳定在 95 万吨以上。近年来，随着周边地区的粮食收储、大米及面粉加工、饲料加工，以及主食食品、副食品酿造和物流运输等业态的发展，倪邱镇形成了具有一定体量的粮食批发交易市场。目前，以倪邱镇为中心，专门从事粮食批发交易的农户或粮食经纪人 1000 余户，其中规模较大的 60 余户。全县粮食年交易量达 54 万余吨，年交易额近 20 亿元，正在成为立足皖北、辐射皖鲁豫三省的跨区域省际粮食批发产业集聚区。

二、山西省发展特色粮食产业的主要情况

（一）**总体情况**。山西小杂粮可分为 7 个大类、120 多个品种，涵盖茎类、谷类、豆类、薯类、糜类等。从整体分布情况看，产区主要分布在晋北、晋西北和晋东南的山区和丘陵地区。这些地方具有比较适宜的小杂粮种植气候，加之拥有悠久的小杂粮种植历史，种植品种较为齐全，以谷子、高粱等 17 种小杂粮作物种植为主，种植面积一直维持在 2000 万亩左右，在全国小杂粮种植面积中占比 10%。年产小杂粮达 250 万吨，在全省粮食总产量占比达 25%，其中谷子总产量在全国位列第二，荞麦总产量位列第三，燕麦总产量位列第四，马铃薯总产量位列第五；绿豆、红芸豆、红小豆等传统小杂粮也在山西拥有较大的种植面积。

（二）**助推乡村振兴的有利条件**。山西省作为"小杂粮王国"，生态环境、地理气候都很适合杂粮种植，与主要粮食作物生产相比，杂粮生产对投资、技术和人力等要素的要求相对较低，农民愿意生产杂粮，这就为山西杂粮生产提供了比较稳定的生产载体，能够有效保证杂粮生产顺利进行。从促农增收来看，杂粮较高的市场价格能为种植杂粮的农户带来较好的经济收益，一些企业、合作社积极加入，将土地进行流转，雇佣当地农户从事杂粮生产种植和加工，农民在这一发展过程中，既能获得土地流转的租金收入，也能获得务工收入，一些农户甚至还能分红，为农民增收创造了良好条

件。从杂粮产业链来看，山西小杂粮产业的高质量发展，能够带动相关产业发展，配套科研机构能够结合市场需求不断培育优良品种，有助于优质杂粮种业"芯片"的打造；农机企业结合杂粮市场需要，积极开发可供山区运用的小型农机，丰富农机种类，加快推动农业生产机械化；加工企业看到杂粮广阔的发展前景，也逐渐进入杂粮市场，加速杂粮相关产品的开发，延长杂粮产业链，有效提升杂粮附加值，助推当地产业发展。从乡村振兴的角度看，产业振兴是基础，杂粮作为生产绿色食品和保健食品的重要原材料，发展特色杂粮产业能够有效提升山西农业的综合效益，形成知名杂粮品牌，特色粮食产业市场竞争力将得到显著增强，进一步增添乡村产业发展活力，助推乡村振兴。

三、相关政策建议

（一）**加强统筹规划，完善产业集群发展政策体系**。建立完善促进特色粮食产业及产业集群发展的工作协调机制，深化"政银担"战略合作，为粮食企业全产业链发展提供担保和融资服务。会同发展改革、科技、财政、自然资源和农业农村等部门，加大对特色粮食产业及产业集群建设支持力度。引导各地按照规划科学、布局合理、技术先进、环境友好、集约发展等要求，重点推进一批粮食产业集群示范项目建设。

（二）**坚持创新引领，培育壮大本土粮油企业**。建立和完善"政产学研用金"六位一体科技成果转化机制，加快推动创新优势转化为产业优势，培育一批技术含量高、成长速度快的"瞪羚企业"，催生发展潜力大、核心竞争力强的"独角兽企业"。加强与"一带一路"沿线粮食出口国合作，引导和培育一批本土具有国际竞争力的粮食企业。

（三）**聚焦科学布局，打造优势新兴产业集群**。开展精准招商、科学招商，突出差异化、特色化，实现错位发展，科学引入国内外优势粮油企业、先进技术、高端人才和社会资本，避免产业趋同和无序竞争。依托原有特色产业园区和粮食产业集聚区，引导建设一批要素集聚、产能集中、结构合理、链条完整，带动能力强和辐射范围广的产业园区，着力向服务周边城市群的综合供给型优势新兴粮食产业集群发展。

（来源：安徽省粮食和物资储备局、山西省粮食和物资储备局分别承担的 2021 年度国家粮食和物资储备局软科学课题《加快粮食产业集群建设推动安徽粮食产业高质量发展对策研究》《发展特色粮食产业助推乡村振兴对策研究》。课题负责人：万士其，课题组成员：曹越方、汪阳、王春迎、陈卫东、于高峰；课题负责人：王云龙，课题组成员：徐晓峰、郭建平、程虹、陈亮、刘艳萍、姚展鹏、路红霞，中国粮食研究培训中心刘珊珊摘编，王世海审核）

把握 RCEP 和自贸港机遇
加快推动海南粮食产业高质量发展

2020 年，中共中央、国务院印发《海南自由贸易港建设总体方案》，中国与东盟十国、日本、韩国、澳大利亚、新西兰签署《区域全面经济伙伴关系协定》（简称"RCEP"），为打造全球最大自贸区奠定坚实基础，给海南粮油产业发展带来前所未有的机遇。海南省粮食产量 145 万吨，粮食消费量约 475 万吨，自给率仅 30.5%，缺口 330 万吨。预计 2025 年粮食消费量将达 580 万吨，比 2020 年增加 105 万吨，粮食自给率将进一步下降。粮油工业产值仅约百亿元，在全国居于末尾，转型升级成效不明显；粮食仓储设施落后，地方储备中过半异地代储，粮油应急保供稳市调控调度难，确保自贸港粮食安全压力较大。本文通过分析周边国家和地区粮油资源与市场以及国家赋予海南自贸港的特殊政策，针对如何抢抓机遇，充分利用好双循环新发展格局下的国际国内两个市场、两种资源，推动海南粮油产业发展，促进海南粮油产业经济做大做强做优，研究提出了产业发展的重点方向、实现路径和相关政策措施建议。

一、RCEP 和自贸港政策带来的新机遇

RCEP 和自贸港的本质均是促进自由贸易，推动本国和区域经

济发展，它们在货物、服务、投资和人员等领域的开放理念是共同的，但在实施方式上有所差别，并存在交叉影响。

一是自贸港特殊关税政策优势。在关税方面，RCEP 对各类粮食和油料及其制品，除大米、小麦和玉米三大主粮，以及豆油、菜籽油外，其余关税均为零或趋零，这将极大丰富农产品流通市场，有利于拓展中国粮油加工业的原料来源，降低进口成本。同时，对于大米等产品维持 65% 的关税也有利于保护薄弱的海南大米加工业。而自贸港对原粮与油料在免征关税的同时免去 9% 的增值税，使其具备一定的成本优势，有助于发展粮油产业。

二是沿海国际物流区位优势。在资源和市场方面，2030 年海南人口预计将达到 1250 万，粮食消费总量和质量需求将大幅提升。RCEP 国家蛋白粕、面粉需求空间超过 1000 万吨，是海南的目标市场。泰国、越南、缅甸、柬埔寨的大米出口能力强，可以为海南提供高中低档大米资源。澳大利亚大麦、燕麦、高粱的出口量 2700 万吨，可以作为重要的粮食来源基地。印尼、马来西亚的棕榈油和印尼、菲律宾的椰子油，可以作为国内油源补充。

三是产业投资和技术集聚优势。在促进产业投资方面，海南省作为东南亚经济圈、东盟经济圈等的交汇中心，将进一步便利粮油企业对海南自贸港的投资，有利于大力发展高技术含量、高附加值的粮油加工业。加之自贸港实行"标准制＋承诺制"的投资制度，将进一步吸引 RCEP 域内高质量外商投资，促进海南省农业、金融业、信息技术、教育文化等产业的转型升级。

二、海南粮油产业发展面临的新挑战

一是根据国家发展改革委发布的《2021 年粮食进口关税配额申请和分配细则》，近年来我国主要粮油进口配额使用率通常都低于 50％。通过对主要粮油配额内进口关税为 1％、配额外关税为65％的制度控制进口量，这一制度在一定程度上将对海南自贸港粮油产业发展造成影响。

二是海南地处祖国最南端，是独立的岛屿省份，岛内人口千万，消费能力有限。通往内地的公路、海路运输成本高，使得此前海南粮油加工并不占据成本优势，腹地市场范围受限。

三是利用国外优质粮油资源可能受到新冠肺炎疫情等社会公共事件影响，从而导致物流中断风险。而国际热钱、部分粮食出口国粮食产量下降、临时出口禁令等，也使得粮食投机炒作带来的价格上涨风险大幅增加。

三、相关政策建议

依托海南独特的优势地位，利用 RCEP 与自贸港机遇，充分利用国际国内两种粮源发展粮食、油料加工和精深加工，兴建、改扩建物流枢纽，推动粮食产业高质量发展，在满足本岛消费需求、确保粮食安全的基础上，深化与南美、澳大利亚等传统粮源地合作，辐射东南亚市场、"一带一路"沿线国家和地区，必要时发挥弥补国内粮油市场缺口作用。

一是建设海南国际粮油产业园。贯彻《海南自由贸易港建设总体方案》，在西海岸洋浦或临高临近专用码头附近征地 1000 亩，建设集粮油储备、加工与深加工、物流与配送、营养与健康食品、粮油食品工业文化与旅游观光、餐饮、科学研究、贸易与博览于一体的海南国际粮油产业园，集工业现代服务、高新技术与旅游业于一身，发展两头在外粮油产业，有力保障区域粮食安全，支撑国际旅游消费中心与国家重大战略服务保障区建设，有效支持海南自贸港建设，助力"一带一路"沿线国家粮食安全。

二是建设绿色现代粮油储备及中转仓库。从海南省绿色环境优势出发，建设绿色、零污染和高效益的粮油仓储设施，按照低能耗、无害化、多功能等要求使用绿色储藏装备、技术和方法，储藏绿色原料或产品，打造绿色储藏工程。建设高端粮油产品专用储仓，作为国内分销中心。建设80万吨新型生态储备粮仓，完成中央有关文件规定的地方储备任务，确保区域粮食安全。建设40—120万吨临港粮食中转仓库，形成年千万吨级流通量的粮油食品及其他冷链物流与配送中心，助力实现国内国际贸易双循环。

三是建设海南国际粮油交易中心。组建海南国际粮油交易所，积极参与国际粮食期货市场交易，增强粮食供给系统的粮油定价权和掌控能力，为我国和东南亚国家粮油食品进出口和贸易提供服务。灵活运用关税、配额、技术性措施，充分利用海南自贸港的区位优势，每年固定承办国际高端粮油产品交易会或在海交会中设立专门的分会场，并配套建设粮油仓储、加工、粮食文化、粮食博物馆等设施，将其打造为国际高端粮油产品交易中心。

（来源：海南省粮食和物资储备局承担的2021年度国家粮食和物资储备局软科学课题《RCEP与海南自由贸易港制度交融背景下粮油产业经

济发展面临的机遇与挑战研究》)。课题负责人：陈甫，课题组成员：何兆智、金立兵、郑联合、陈娟、郭志涛、杨进、朱华、王青松，中国粮食研究培训中心刘珊珊摘编，王世海审核)

推动新疆粮食产业融合发展
提高区域粮食安全保障能力

　　新疆粮食安全对维护边疆安全、民族团结、社会稳定等具有特殊重要意义。新疆维吾尔自治区立足边疆地区、民族地区、小农经济特征明显的实际，多措并举推动粮食产业融合发展，维护区域粮食安全，带动农民持续增收，取得了积极成效。课题组分析了新疆粮食产业融合发展过程中存在的问题，提出了加快融合发展提高区域粮食安全保障能力的对策建议。

一、采取的主要做法和成效

　　（一）**推动粮食和棉花融合发展**。新疆既是西北地区重要的小麦、玉米等粮食作物生产省份，也是我国最大的优质商品棉生产基地。自治区着力推动粮食和棉花生产融合发展，实行棉粮轮作，既能保护地力，又能稳定作物产量，在确保区内粮食安全的同时，积极为国家粮食安全和棉花安全做出更大贡献。目前，小麦、玉米、棉花种植面积大致分别占农作物种植面积的20%、20%、40%。一是保持小麦完全自给。新疆小麦面筋质量好、有劲道、麦香味醇厚，适于加工制作拉面、馕饼等，深受新疆群众喜爱。2010—2020年全区小麦种植面积1700余万亩，产量600万吨左右，单产近 370 公斤/亩，做到了口粮绝对安全。二是推动玉米适度外销。新疆玉米蛋白质、氨基酸、维生素等营养成分高，大量销往四川等内地加工转化大省，为确保谷物基本自给做出了积极贡献。2010—2020 年全区玉米播种面积由 1092 万亩增加到 1576.5 万亩，增长 44.37%；产量由 517 万吨增加到 928.4 万吨，增长 79.57%；年调出量保持在 200 万吨左右。三是发挥棉花生产优势。新疆棉花柔软度、光泽度、亲肤度、透气性、弹力和纤维长度等指标均远超普通棉，棉籽油是重要食用油脂，棉粕是高蛋白饲料原料。新疆籽棉年产量约 500 万吨，占全国的 85%，棉籽 305 万吨，棉籽油 37 万吨，棉粕 230 万吨，种棉收入占全疆农民收入的 30%。同时，新疆每 100 万吨棉花产量，可为长江中下游棉区腾出 500 万吨粮食生产能力。

（二）推动粮食和畜牧融合发展。新疆是传统的畜牧产品生产和消费大区，牲畜存栏达到 5100 万头（只），家禽 660 万羽，肉类总产量 169 万吨，奶类总产量 200 万吨，禽蛋总产量 43 万吨，总产值达到 820 亿元。人均消费牛羊肉超过 16 公斤，其中羊肉超过 10 公斤，远高于全国不到 4 公斤的水平。自治区积极采取措施促进粮食和畜牧业融合发展，促进粮食安全与农民增收，满足人民消费升级的美好生活需要。一是大力推进玉米就地过腹转化。新疆玉米总消费量 50% 用于饲料，2020 年新疆入统饲料加工企业 29 个，主要生产配合饲料、混合饲料、浓缩饲料、精料补充料、饲料添加剂，设计产能 209 万吨，饲料用玉米 134 万吨。未来五年，新疆规划新增牛奶产量 50 万吨以上、育肥牛达到 60 万头、生猪产能增加 50 万头、肉羊 500 万只、肉禽出栏 1000 万羽，到 2025 年饲用玉米消费将达到 530 万吨。二是充分利用粮食秸秆和麸皮等副产物。小麦的秸秆和加工的副产品麸皮均可用作牛羊饲料，普遍用于家庭养殖业，成为全区必要的饲料补充。2020年南疆的小麦秸秆价格已超过小麦价格，麸皮的价格已接近春麦的价格，成为农民增收的重要来源。玉米秸秆转化为饲料用量增长趋势明显。三是大力发展青储玉米。2017年，库车县种羊场引进专用青贮玉米1000亩，实行一年两茬种植，亩产可达8000公斤。全县50余家畜牧养殖合作社带动养殖企业、合作社及养殖户收购制作玉米青储饲料52.8万吨，养殖规模50余万头（只），带动养殖户3000多个。粮食及其作物通过转化价值链得到提高，农民收益得到保障。

（三）**推动粮食全产业链融合发展**。新疆地区以粮食加工企业为龙头，建立利益链接机制，创新生产经营方式，实现农民增收企业增效。一是依托"馕"产业打造新疆特色主食和文化名片。加大馕产品开发力度，推动馕产业化规模化经营。喀什、和田、阿克苏、昌吉、吐鲁番五地馕加工企业和农民专业合作社达到312家，日产馕约650吨，品种达175种以上，形成产业集聚发展局面。伽师县重点打造的喀什新粤馕城，投产面积1.8万平米、有馕坑190个、日产馕20万个、提供就业岗位1200名。泽普县打造的馕特色产业园，集旅游、购物、音乐餐厅等为一体，带动千人以上农民稳定就业增收。二是通过粮食精深加工完善利益联结机制。昌吉市依托龙头企业发展订单农业，全市3.6万亩玉米实现了订单收购，每亩增收120元左右。额敏县运用"公司＋合作社＋基地＋农户"模式，每亩鲜食玉米使农民增收500—900元，每亩加工玉米增收100—130元。三是发挥产业园区示范带动作用。打造物联网等现代农业技术应用、绿色有机农产品种植加工销售于一体的现代农业示范园区。奇台县半截沟镇腰站子村，建成 1.5 万亩现代农业示范园，园内打造了 0.8 万亩有机种植基地，加工厂生产有机面粉、食用油、手工挂面、杂粮四大类 40 余个品种，"腰站子"品牌效应逐步显现。

二、面临的主要问题

（一）**粮食种植比较效益仍然偏低**。全区各地尤其是南疆田块细碎，基本上是以户以家庭为单位，集约化程度很低，影响粮食种植效益提高。据调研，2018 年，全区冬小麦纯收益每亩 447 元，春小麦 323 元，籽粒玉米 609 元，均远低于机采棉花纯收益 991 元的水平。林粮间作的优品率及亩产量均为白地种植的一半左右，如柯坪县红枣林下套种小麦平均亩产 250 公斤，且一等率仅 30%。

（二）**粮食产业发展总体质量仍然不高**。粮食产业布局分散，粮食企业数量多规模小，缺少大型龙头企业带动，专用、高端、特色的优质粮油产品不多，产业链条短、产品附加值低、资源综合利用效率不高。2020 年全区入统小麦加工企业 124 家，年产能 648 万吨，小型加工企业过多，落后低端产能严重过剩，产品同质化竞争严重。

（三）**物流运输瓶颈制约明显**。新疆维吾尔自治区幅员面积 166 万平方公里，与 8 国接壤，边境线 5600 多公里，毗邻国家仅哈萨克斯坦是主要产粮国。距离内地产区销区都比较远，到兰州、成都、西安等地每吨运费高达 300—600 元。2007 年、2008 年粮食紧张时，区外调粮时间长、成本高，导致粮食市场大幅波动。

三、推动新疆粮食产业融合发展措施建议

新疆维吾尔自治区将压实各级党委、政府责任，继续完善粮食产业发展支持政策，通过推动粮食产业融合发展，实施优质粮食工程，实现粮食产业高质量发展。

（一）支持加快推进新疆粮食种植集约化。一是积极引导农民加大土地流转力度，鼓励新型农业经营主体、社会资本参与土地流转，实现土地规模化经营，提高农田规模经济效益。二是创新土地经营模式，大力发展土地股份合作经营，推广土地托管、土地信托等模式，增加土地亩均效益和附加值，实现集约化管理。三是培育家庭农场主、种养大户、职业农民和农民企业家等乡土人才，为土地集约化经营提供人力资源保障；加大对龙头企业、合作社、种植大户在土地流转、农业产业化经营机制等方面的政策和资金支持力度，不断扩大产业集约化发展规模。

（二）支持加快推进种养加结合一体化建设。一是实行不同品种作物轮作、间种、倒茬，实现棉花、小麦、玉米、油料的协调发展，特色更特、优质更优。鼓励种养殖户成立专业合作组织，形成利益共同体，促进农牧循环发展，提高组织化程度和市场议价能力。二是围绕粮食安全产业带建设，推进畜牧业和农畜产品基地建设，做好农牧业产品加工文章，将农产品、畜产品由产品变为商品，延长农牧业产业链，促进农牧业循环发展。三是鼓励龙头企业采取股份分红、利润返还、二次返利等多种形式，将增加部分的附加值收益让利给农户、合作社等联结主体，共享产品增值收益，促进粮食安全与农民增收。

（三）支持加快推进粮食深加工产业发展。一是以畜牧饲料为

突破口，以淀粉和酒精加工为补充，以加快科技创新为支撑，形成制种、生产、加工、转化、流通、消费的粮食产业链。二是扶持一批粮食产业化龙头企业，加强粮食产业品牌建设，推进"产购储加销"一体化，提升粮食产业的整体效益。三是大力推广绿色有机生态粮食产品，提升粮畜产品品质，提高市场竞争力，促进粮食安全和农民增收。

（四）**支持畅通粮食物流运输渠道**。布局建设粮食跨疆运输、粮食进出口、粮食疆内运输的铁路物流节点，对接国家粮食物流"四横八纵"重点线路陇海线路、西部线路、北部线路，补齐自治区粮食物流短板，形成粮食产业国内国外双循环支撑体系。依托重点物流（产业）园区、骨干中心库、规模粮食加工企业，完善粮食物流支点，对接粮食运输线路，与粮食物流枢纽组成粮食物流运输网络。重点发展散粮火车、铁路集装单元化运输，完善铁路接卸设施，弥补粮食铁路运输短板，进一步推进汽车散粮运输和面粉散装运输，加强大型粮食加工企业物流设施建设，形成多元化运输格局。

（五）**支持畅通国际国内双循环通道**。"一带一路"倡议提出以来，中国与沿线国家的小麦进口主要来自哈萨克斯坦。在外部环境稳定、外部资源可利用、疆内粮食储备充足的条件下，可以采用适度进口的策略，借力中亚和西亚粮食市场优化我区粮食品种结构。一是借助保税区的政策优势和税收优势，打造集粮食应急调运、保税加工、仓储物流和转口贸易于一体的粮食综合保障中心，为新疆粮食产业高质量发展提供新动能。二是支持有终端市场销售实力的龙头企业和较大规模的加工企业入驻保税区，为新疆粮食产业发展提供新引擎。三是支持大型企业在中亚国家采取"建仓储、控物流""建园区，搞示范"的方式，中小型民营企业在保税区"搞贸易、做加工"的方式协同走出去。

（来源：新疆维吾尔自治区粮食和物资储备局承担的 2021 年度国家粮食和物资储备局软科学课题《新疆粮食安全与农民收入可持续增长的协调发展路径研究》。课题负责人：葛标，课题组成员：马雪渊、郑栋梁、杨振立、夏卫江、徐永正、李毅、丁宝灯、张媛媛，中国粮食研究培训中心高丹桂、张慧杰摘编，王世海审核）

推动"四链融合"
助力粮食产业高质量发展

　　建立完善的产业链是产业价值实现和增值的根本途径，形成产业链和供应链自主可控、安全可靠的产业发展格局事关国家战略安全和发展大局。北大荒集团以推动产业链、供应链、创新链与价值链"四链融合"促进产业发展，在巩固提升粮食产能基础上，探索通过壮链、补链、联链，推动粮食生产体系、经营体系、产业体系建设，助力产业高质量发展。

一、北大荒集团在"四链融合"方面的实践探索

　　（一）**延伸产业链**。大力推进三江平原灌区田间配套工程，新增地表水灌溉面积 657 万亩；建成高标准农田面积 2747 万亩，规模化格田改造面积 1341 万亩；建成农田防护林 308 万亩，水土保持林 230 万亩，农田林网控制率达到 100%；主要农作物耕种收综合机械化水平稳定在 99.7% 以上，农机装备水平和效率全国领先。持续推进资产专业化重组与结构调整，形成了粮食、油料、乳品、肉业、生产资料、文化旅游、医疗康养、金融等八大产业板块及二十余家直属企业。

　　（二）**稳固供应链**。2021 年，集团粮食作物播种面积 4486 万

亩，较上年增加 145.9 万亩，粮食生产实现"十八连丰"，总产达到 463.1 亿斤，比上年增加 30 多亿斤，创历史新高，连续 11 年稳定在 400 亿斤以上，产量是开发建设之初的 9648 倍。"三库一中心"加速布局，组建了粮食收储集团，明确了粮食集团和商贸集团功能定位，推动建设三江粮库、前进粮库粮食现代物流项目，加快北大荒粮食物流、冷链分销库等项目建设，产品控制权和价格话语权明显提升。

（三）**探索创新链**。探索土地所有权、经营权、承包租赁权和生产管理权"四权分设"实现形式。组建了北大荒农服集团，在部分分公司设立了区域农服中心，推广规模家庭农场等多种形式的适度规模经营，集团实现肥料统供率 94.8%，种了统供率 91.8%，粮食统营率 20.7%。全过程数字农服建设加速推进，探索出了"农服集团＋区域农服中心＋农（牧）场综合服务总站＋规模经营主体"的市场化新型现代农业服务模式。启动第一批数字农（牧）场试点 10 个，形成智慧农场群 6 个；建设农业科技示范基地 26 个，科技示范园区 103 个。农业科技进步贡献率达到 77.07%。

（四）**提升价值链**。市场影响力显著增强，"北大荒"品牌位列世界品牌 500 强第 430 位、"中国 500 最具价值品牌排行榜"第 49 位。着力改善生态环境，建成各级各类保护区 16 个，占垦区总面积 9.3%，建成了一批国家级、省级生态场，基本构筑起国家商品粮和农产品生态安全基地。搭建北大荒食品集团营销大平台，组织经销商 1671 家，覆盖全国 28 个省区 216 个地级市，在垦区内建成农（牧）场专营店 91 家，垦区外布局旗舰店 7 家；阿城"中央大厨房"项目即将收尾，苏州食品工业园区建设正在启动，迈出了从"大粮仓"到"大厨房"的坚实一步。

二、存在的问题

（一）产业链长而不壮。粮食产业链存在上游环节基础薄弱，如粮食种子品种相对单一、自主研发能力不强、品质较低等问题；中游产业存在粮食精深加工不足、副产品利用效率低、产品附加值低等问题，很多产业规模很大，但大而不强，大而不壮，在产业分工中处于产业链的低端；下游产业存在销售渠道狭窄、产业链条短等问题，缺少技术标准的参与权、市场准入的话语权、产品贸易的定价权。

（二）供应链衔接不充分。各农场有限公司基本都在"卖原粮"，产业公司却在"找原料"，在粮食收购、仓储、加工、冷链等环节还未完全形成闭环式的全产业链，产业发展存在链条不完善、龙头企业不强等问题，产业链和供应链缺乏稳定性和竞争力。另外，在流通环节中，粮食运输方式相对落后、运输散乱、损耗高，导致粮食中间成本较高，最终销售价格缺乏竞争力。

（三）创新链尚未形成。北大荒管理模式、科学技术、产业融合等创新举措尚未形成创新链体系。集团下属粮食企业存在创新能力薄弱、创新投入不足的问题，大多数粮食加工企业缺乏精深加工能力，仍以初级加工为主，农业科技研发人才和研发平台短缺，粮食新产品开发和资源综合利用力度不够。

（四）价值链层次较低。目前，北大荒主要是通过一产补贴二产、三产，在附加值高的领域尚未形成稳定的价值链。从宏观角度分析，粮食产业处于价值链低端，以水稻产业为例，黑龙江水稻加工企业销售利润仅为 1.8% 左右，水稻产业存在标准化不高、加工企业品牌水平低、营销能力弱等问题。

三、促进"四链融合"的对策建议

（一）延伸壮大产业链，促进产业融合发展。一是深入推进壮链补链联链工程。整合产能，集中管理，做强产业主体，做好"壮链"；以现有产业为依托，进军新产业，推动"补链"；建设农业数字化平台，巩固产业链紧密协作，强化"联链"。二是打造稳固农业生产的六大基地。打造深入落实"藏粮于地""藏粮于技"战略的粮食安全战略保障基地，以"两牛一猪一禽"为重点的高品质畜产品基地，具有核心竞争力现代种业研发基地，以家庭农场为基础、大农场统筹小农场的现代农业经营体制改革示范基地，以及实现数字农业全覆盖的农业科技成果转化升级基地，引领现代化大农业发展。三是促进产业融合发展。以农产品加工和食品制造为主体，以科技创新和资本运作为两翼，大力推动粮食产业"生产＋加工＋科技＋品牌"一体化发展，构建种养加销一体化经营格局，打造现代生产要素聚集、产业融合发展的农业加工企业产业集群。

（二）补强供应链，推动产业开放发展。一是打造标准化生产和特色加工基地。支持农户和农民合作社因地制宜开展粮食初加工；与新业态接轨，加强粮食精深加工，重点生产健康食品、营养功能性食品；加强农副产品及加工副产物综合循环利用，挖掘农产品加工潜力、提升增值空间。二是完善物流供应体系。大力发展产地收储设施、产地批发市场和现代化配送中心。三是加强品牌与营销体系建设。培育优势粮食品牌，打造一批有知名度和市场竞争力的区域公共品牌和特色农产品品牌。支持开展多种形式的产销对接，如"农批对接""农超对接""农社对接"等，充分利用"互联网＋"线上线下融合营销方式。四是构建全球供应链体系。通过"一带一路"国际农业合作，提升国际粮食贸易、食品加工领域的竞争力。发展农产品跨境电子商务，采取多种方式提升企业跨国投资能力和水平，利用国际金融机构合作机制，加大农业基础设施和农业全产业链的投资合作。

（三）**激活创新链，鼓励产业创新发展**。一是实施农业科技创新工程。面向市场需求，加快农业关键核心技术和装备创新，整合科技创新资源，合理配置资金、项目、人才、技术等创新要素。二是实施种业自主创新工程。促进种业龙头企业与科研院所、金融机构、种业基地紧密对接，培育一批种业重点龙头企业，建设一批省级育制种、供种育苗基地和一批国家级核心育种场、种公畜站和扩繁基地。三是推进数字农服体系建设。支持建立基于大数据的数字化农业管理决策平台，通过推进智慧农业种养殖大数据、农产品质量安全追溯大数据、农产品精准营销大数据、农业金融服务大数据、政府政务监管大数据五大体系的建设，打造覆盖农业产前、产中、产后全程的大数据应用体系。

（四）**提升价值链，促成产业高质量发展**。一是推进农业绿色生产。创建一批标准化基地，鼓励国家农产品质量安全县整建制推行全程标准化生产。实施耕地保护工程和耕地质量提升工程，建立数量、质量、生态"三位一体"耕地保护机制，严守耕地保护红线，采取工程、农艺和生物措施相结合，防止耕地退化。实施农业面源污染防治工程，深入实施减化肥、减农药、减除草剂农业"三减"行动，推广物理防治和生物防治病虫害、测土配方施肥、节水灌溉等技术。二是加大对外农业合作。发挥现有农业高新技术产业示范区、自由贸易试验区等各类园区优势，带动农业优势产能国际合作。搭建农业对外合作服务平台和技术咨询服务平台，建立标准化农产品出口基地与物流平台，构建境外投资农业企业数据库，统筹解决农业对外合作存在的问题，引导农业企业开拓国际市场扩大出口。三是夯实农业共享发展基础。加强区域间、垦地间农业合作，增强先进农业生产力对周边区域的辐射带动能力，积极创新农业社会化服务模式。以区域农服中心为核心，通过农业生产托管、技术承包、专业化服务等形式，辐射带动地方农业发展。

（来源：北大荒农垦集团有限公司、黑龙江省农垦管理干部学院共同承担的 2021 年度国家粮食和物资储备局软科学课题《推动粮食产业链、价值链、供应链、创新链"四链融合"研究》。课题负责人：王大庆，课题组成员：张宝生、郭明明、曾祥亮、刘馨、代琳、周文超、张利晨、李运美、青跃虎，中国粮食研究培训中心崔菲菲、高丹桂摘编，王世海审核）

着力打造优质区域粮食品牌
推动粮食产业提质增效

2020 年中央"一号文件"明确指出，打造地方知名农产品品牌。粮食品牌是国家农业产业竞争力的重要内容，国家深入实施优质粮食工程，出台了支持粮食品牌建设的政策措施。本文从推进企业品牌建设、产品品牌建设、建立产业一体化服务平台等多个方面，提出打造国际国内优质区域粮食品牌的政策建议。

一、我国粮食区域品牌建设面临的机遇

一是政策支持机遇。党的十八大以来，中央出台促进农业品牌发展的政策措施，强调促进区域性农产品公共品牌的建设，变革和升级传统知名品牌，加强绿色食品、有机农产品、地理标志农产品认证和管理，打造地方知名农产品品牌。国家深入推进优质粮食工程，打造中国好粮油品牌，各地积极响应，纷纷出台支持发展的政策措施。如，重庆市人民政府办公厅《关于培育发展"巴渝新消费"的实施意见》中，明确提出大力发展重庆小面产业。四川省委省政府认真贯彻落实习近平总书记"擦亮四川农业大省金字招牌"的指示精神，抓住"优质粮食工程"建设契机，加强品牌建设，强化科技支撑，打造"天府菜油"公共品牌。

二是市场需求机遇。我国已形成世界上最大规模的中等收入群体，个性化、地域性消费需求激增，消费者从"商品消费"向"品牌消费"转变，新零售实现供应链及消费场景的数字化，开辟了不可限量的广阔空间。随着城镇化迅猛发展、生活节奏加快、"懒人（宅）"经济出现，我国主食工业化生产经营体制创新和主食生产技术革新不断推进，呈现出主食生产工业化、供应社会化、营养多样化、消费便利化的趋势，"无人餐厅""智慧餐厅"等新型运营模式涌现，区域特色品牌食品发展迅猛，潜力巨大。

三是产业发展机遇。品牌化建设有利于推进粮食产业有效整合产能资源，是粮食行业高质量发展的重要支撑。各地发挥区域资源禀赋和产业优势，形成了一批品质过硬、市场认可度高的区域粮油品牌。如，四川组建产业联盟，打造"天府菜油"区域公共品牌，带动农民增收、企业增效、产业兴旺，油脂产业工业总产值增加30%以上。柳州螺蛳粉在短短三年时间内，年产值从不足50亿元快速提升到300亿元，形成柳州螺蛳粉产业集群，带动了就业和有效解决地方"三农问题"。重庆小面馆2020年达到8.4万家，从业人员上百万，年产值达400多亿元，"流口水小面"已在全球开设100多家门店。

二、我国粮食区域品牌建设存在的问题

（一）**具有高品牌价值的粮食企业数量少**。政府对粮食品牌的总体规划和政策支持不足，品牌产品质量良莠不齐。如，重庆小面普遍以作坊式生产，线下实体小吃店为主，存在"单点竞争劣势"，产业聚集度低且缺少行业龙头企业和全国知名商标，品牌质量鱼龙

混杂，存在互相压价、恶性竞争行为。

（二）**粮食品牌没有形成集聚效应**。发达国家大多把品牌建设作为国家层面的农业竞争战略，确立了成体系的品牌战略和政策保障措施。我国的粮食产业大但实力不强，产量多但附加值低，产品多但品牌少，特别是竞争顶尖的粮食品牌少、国际竞争力不强。谷物企业品牌相较于"柳州螺蛳粉""沙县小吃"等地方特色食品品牌，市场份额相对较低。

（三）**加工检验物流等环节科技支撑不足**。四川在发展区域公共品牌产品过程中，发现制定的"天府菜油"系列团体标准在基层应用实施过程中缺乏评"优"手段和设备尚不完善，影响了"优粮优购""优粮优加"等关键环节的评"优"效率。吉林大米品牌发展过程中，也面临加工门槛低、科技含量低等问题，加工、储存、包装等环节的科技投入有限，低温冷库及冷链运输设施严重匮乏，产品附加值不高，米糠、稻壳等副产品综合利用尚处于空白。

（四）**粮食品牌缺乏整体规划和长期投资**。相对于传统市场，中高端粮食品牌市场渠道的开发难度依然较大，一些企业传统"坐商"观念依旧牢固，对市场、消费人群变化缺乏认知，导致企业在销售端没有创新的想法、没有可操作的路径，企业产品溢价能力偏低。加之粮食产品利润率偏低，长期处于投资不足状态，企业往往投入的营销成本较少，特别是小型粮食企业，容易陷入小、散、乱的品牌建设局面。

三、多措并举打造优质区域粮食品牌的措施建议

（一）**持续推进企业品牌建设**。一是加强企业经营管理，顺应

人民美好生活需要，着重瞄准团体集采、中高端市场、母婴市场和特定消费人群，如城市的高收入群体和城市精英群体的定制销售，稳步扩大企业经营规模，提升利润水平，提高资本盈利率，同时优化股权结构。二是提升企业经营理念，鼓励企业掌握国内外粮食行业发展动态，参与行业资质认证、新技术和新产品鉴定推广，参加交易会、交流会和展览会，推动科技创新和管理创新，开展国内外经济技术交流与合作。三是培育具有国际竞争力的大粮商，鼓励和支持有条件的国内企业跨国开展粮食仓储、物流、加工、贸易等方面的国际合作，建立规模化海外粮食生产加工储运基地，全面参与全球粮食产业链、价值链、供应链重构。

（二）**大力促进产品品牌建设**。一是提升产品标准化、规模化、品牌化"三化"水平，建立一套客观、科学、数字化的质量指标控制体系和质量追溯体系，推动产业提档升级、打开市场、做大品牌。二是提升产品科技含量，加强科技创新投入，引进先进的操作技术和智能机器，包括最新的电了信息技术、作物栽培管理技术以及农业工程设备技术，优化种植导向。三是打造一批具有国际影响力和美誉度的粮食品牌，鼓励企业"走出去"开拓国际市场，加大产品品牌国际推广力度。

（三）**构建产业服务一体化平台**。一是构建科技支撑平台，根据市场需要建立或引进社会化农业科技服务机构，引入先进农业科技服务资源，在科技帮扶、质检控制、产后收储、人才教培和信息交流等方面为品牌建设和产业发展提供服务和保障，促进形成完善的产业生态圈。二是构建科技服务平台，运用信息技术手段，推动跨区域、跨行业合作，充分发挥专家指导作用，采用"专家服务"APP、在线问诊、专题云课堂、慕课、乡村夜校等形式，为基层种植户、农技人员、技术工人提供便捷信息服务，帮助提升产业技术、管理能力、品牌意识等方面等素质。

（四）完善产后监测体系布局。在现有涉粮企业、重要物流节点、粮油供应商、超市、批发市场、零售点等横向监测网络基础上，夯实包括加工、检测、消费等环节在内的粮食流通统计基础，做到监测点、监测品种以县为单位全覆盖。增加省级监测点数量，包括购销企业等原粮监测点、大型超市和集贸市场等成品粮监测点；各设区市将直属企业、港口、大型加工企业等纳入监测范围，选择当地流通领域知名度和认可度高、市场占有率大的成品粮品牌作为省级监测品牌的补充或替补；县级层面对体现当地特点的粮油品种品牌进行监测。

（五）充分发挥行业协会的作用。一是粮食行业协会应充分发挥自身作用和职能，代表行业公共利益积极发言，在政策研究、技术促进、标准设定、行业自律等方面发挥更大的作用。二是深入实施中国粮食品牌建设计划，积极引导特色产业县通过品牌引领走产业发展之路，在指导特色产业区注重质量标准制定、经济发展规划、打造龙头企业等方面加大服务力度。三是围绕品牌影响力、市场占有率、消费者满意度等内容开展分析，适时发布调查结果，为知名企业申报中国驰名商标做好服务，制定《粮食加工企业质量管理体系要求》，推动行业提升质量管理水平。四是营造品牌建设良好氛围，以品牌建设培训班、论坛、研讨会、品鉴活动等为载体，组织企业参加中国品牌日活动，宣传知名国产品牌，讲好中国品牌故事，提高自主品牌影响力认知度。

（来源：中国粮食行业协会、四川省粮油中心监测站"特约调研员"

团队、重庆市发展和改革委员会、青岛理工大学分别承担的 2021 年度国家粮食和物资储备局软科学课题《打造国际知名区域粮食品牌的对策研究》《构建"一体化"服务平台，助推"天府菜油"产业发展研究》《打造千亿级产值重庆小面产业链路径及关键节点研究》《粮食收储过程中市场监测预警研究》。课题负责人：任智，课题组成员：曹慧英、朱震、杨赛；课题负责人：杨军，课题组成员：李建强、涂杰、付邵红、廖伟智、张凤枰、李贵友、杨微、刘向昭、李昕阳；课题负责人：董建国，课题组成员：涂亚雄、李茂涛、钟耕、刘淑云、张雷、黄昱、邓兴江、石慧、赵祎；课题负责人：徐新立，课题组成员：田艳兵、赵丙辰、张立伟、董雷只、孙江磊、吕成兴、叶晓云、赵锟、崔西亮，中国粮食研究培训中心崔菲菲、高丹桂摘编，王世海审核）

第四篇
全面提升粮食收储调控能力

我国大豆供应链安全面临新挑战
必须综合施策保障供应安全

大豆是关系国计民生的基础性、战略性物资，也是重要的贸易商品。我国大豆外采率高达80％以上，保持大豆市场相对稳定，是保障粮食安全的重要内容。近年来，国际社会政治、经济不稳定性加剧，如何确保国内大豆供应稳定是各界高度关注的问题。必须综合施策，确保国内大豆供应稳定。

一、大豆市场面临的新形势

（一）**2021年国内大豆种植面积和产量6年来首次下降。** 由于玉米阶段性过剩，2016—2020年，各地积极调整种植结构，出台了一系列促进大豆生产的政策措施，国内大豆种植面积和产量连续5年增长。随着政策性玉米库存消化结束，玉米价格出现恢复性上涨，种植收益好于大豆，农户改种玉米的积极性较高，大豆种植面积大幅减少。国家统计局数据显示，2021年我国大豆播种面积为1.26亿亩，比上年减少2200万亩，减幅14.8％；总产量为1640万吨，比上年减少320万吨，降幅16.4％，为过去6年来首次减产。

（二）**国产大豆价格走出独立行情。** 一方面，由于国产大豆定位突出自身高蛋白、非转基因特性，与进口大豆初步形成了错位竞争、相互补充的发展格局；另一方面，海关等部门加强了进口转基因大豆流向和加工监管，削弱了进口大豆对国产大豆市场的影响。2019 年国产大豆收获后，东北地区国产大豆价格走势逐渐摆脱了美国芝加哥商品期货交易所大豆价格的影响，走出独立行情，国产大豆与进口大豆的价差一度创下历史新高，价格优势显现。

（三）我国自巴西进口大豆占比不断提高。我国大豆产业高度依赖进口，2020 年我国大豆进口量达 10033 万吨，占消费总量的 85%左右。其中自巴西进口大豆 6428 万吨，占进口总量的 64.1%，2016 年仅占 45.7%，2018 年因中美经贸摩擦，巴西大豆进口占比最高曾达 75.1%。美国农业部预计，未来 10 年巴西大豆贸易增量将占全球增量的 71%，中国进口大豆增加部分还将主要来自巴西。同时也要看到，巴西大豆产量 1.4 亿吨左右，出口能力约 9000 万吨，即使全部出口给我国，也不能弥补我国大豆供需缺口。我国大豆进口增长趋势没有扭转之前，至少有 1000 万吨的大豆缺口需由美国补充。在复杂的国际政治与贸易环境下，必须充分考虑一些国家民族主义、贸易逆全球化等思潮泛滥对正常国际贸易的冲击及对我国的影响。

二、新形势下我国大豆市场面临的问题和机遇

（一）存在的问题

1. 大豆持续增产空间有限。《第三次全国国土调查主要数据公报》显示，2019 年末全国耕地总面积为 19.18 亿亩，比 10 年前减少 1.13 亿亩，建设用地增加 1.28 亿亩，未来可增加的耕地潜力受到制约；耕地与水资源分布不均也是制约大豆生产的重要因素；大

豆还面临单产水平低、种植收益缺乏优势的短板。在"确保谷物基本自给、口粮绝对安全"的新粮食安全观指引下，保障口粮和谷物生产是政策优先选择，我国大豆持续增产空间有限。

2. 大豆进口多元化进度缓慢。巴西、美国和阿根廷三国大豆种植面积占全球总面积的 70%，产量占全球的 82%，贸易量占全球的 90%。2017 年我国自巴西、美国、阿根廷三国进口大豆总量占比达 94.6%。2018 年因中美经贸关系变化，国内企业积极参与大豆进口多元化战略，进口美国大豆减少，其份额几乎全部转向南美，但仍主要集中于上述三国，尤其是巴西和美国。2020 年，从上述三国进口大豆占比仍高达 97.3%。

3. 蛋白饲料高度依赖豆粕。随着我国肉蛋奶需求持续增长，带动蛋白粕消费快速增长。2020/2021 年度（10 月至次年 9 月，下同）我国蛋白粕饲用消费量为 9675 万吨，其中豆粕消费量占比 77.8%（2001 年为 54.5%）。一方面，豆粕粗蛋白含量高，氨基酸含量丰富且较平衡，作为饲料的利用性能好，且供应充足稳定；另一方面，菜粕、花生粕、棉籽粕等其他蛋白粕生产和贸易量有限。预计未来 10 年全球油料增产还将主要来自大豆，蛋白原料供应将更加依赖豆粕。

（二）面临的机遇

1. 我国经济实力不断提高，走出去能力增强。2020 年我国国内生产总值达 101.6 万亿元，全年货物进出口总额、港口货物吞吐量、集装箱吞吐量均居世界第一，海运船队运力规模达 3.1 亿载重吨，居世界第二位。强大的综合实力使我国参与全球大豆购销的能力不断增强。国内已有大型企业在海外布局码头、仓储设施等，每年向中国运回大豆超过千万吨。

2.大豆进口和消费规模大，市场影响力强。我国是全球最大的大豆进口国和消费国。2020/2021 年度我国大豆消费量达到创历史最高纪录的 1.17 亿吨，约占全球消费总量的 30%。大豆进口 9979 万吨，占全球进口总量的 60.2%，远高于 2000/2001 年度的 24.9%。美国大豆出口量的近 60%、巴西大豆出口量的 70%左右均销往中国，中国需求已成为影响全球大豆价格的重要因素。国家粮油信息中心预计，2030/2031 年度我国大豆需求将超过 1.4 亿吨，全球大豆进口需求增幅仍将高度依赖中国。

3.政府调控能力不断增强。党中央国务院高度重视国内大豆供给安全。2020 年起已连续两年在 8 月份开始拍卖进口大豆，增加美国大豆上市前的供应，对于调控市场稳定运行发挥了积极作用。此外，中储粮、中粮两家大型央企每年大豆压榨量超过 2000 万吨，占全国总量的 20%以上，再加上九三集团、首农集团、北部湾集团等地方国有企业，占比将达 40%左右，成为调控大豆市场的有力抓手。

三、相关政策建议

（一）挖掘国产大豆增产潜力，提升国内大豆供给能力。一是统筹粮食生产者补贴政策，建立动态调节机制，提高补贴精准性，增加大豆生产比较效益，稳定东北地区大豆种植面积。积极推广玉米大豆带状复合种植技术，扩大黄淮海、西南、西北等地区大豆种植面积。二是完善大豆生产保险保费支持政策、耕地轮作试点补助政策，稳定增加大豆种植面积。三是增加大豆育种研究创新投入，加快培育新品种，大力推广大豆高产栽培技术，提高大豆机械化水平，推动规模化生产，多措并举提高大豆单产水平。

（二）**大力推广低蛋白日粮饲料配方，减少豆粕消费**。建议大力推广低蛋白日粮饲料配方和饲料中玉米豆粕减量替代方案，通过采用添加氨基酸、增加杂粮等方式，优化蛋白添加比例，减少豆粕添加量，降低饲料养殖行业对蛋白粕尤其是豆粕的过度依赖，减少大豆进口。

（三）**实施多元化进口策略，增加大豆及替代品进口，鼓励国内企业走出去布局海外市场**。一是有序放开大豆、油菜籽、花生、葵花籽等食用油籽进口国家限制，促进多品种、多渠道进口大豆及食用油籽。二是增加可替代大豆的蛋白粕进口，有序放开豆粕进口国家限制，全面放开菜籽粕、葵花籽粕等蛋白粕进口国家限制。三是完善支持国内企业对外投资合作的政策措施，鼓励企业赴境外开展大豆产业链上游和下游的并购，掌握更多资源。

（四）**健全粮食市场监测预警体系，正向引导市场预期**。一是完善粮食监测预警机制，加强市场分析研判和预警，建立准确可靠的基础数据采集系统，密切跟踪监测国内外市场变化，强化对大豆生产、贸易、消费和价格监测。二是及时发布大豆生产、贸易流通、消费等信息，合理引导市场预期，充分发挥信息引导作用，保证国内大豆市场平稳运行。

（来源：国家粮油信息中心承担的 2021 年度国家粮食和物资储备局软科学课题《新形势下我国大豆市场面临的挑战与机遇研究》。课题负责人：王晓辉，课题组成员：王辽卫、张立伟、李云峰、郑祖庭，中国粮食研究培训中心张慧杰、高丹桂、刘珊珊摘编，王世海审核）

探索玉米基差交易
更好发挥国家交易平台宏观调控作用

近年来，玉米市场供给形势由宽松逐渐转变为紧平衡，玉米价格也产生较大波动，现货市场采购压力增大，饲料、深加工等玉米需求企业采购方式也随之发生变化。在部分企业的带动下，各方对基差交易的参与热情逐步提升，逐渐呈现由"点"到"面"的发展态势。基于国家粮食交易平台优势，探索玉米基差交易，对于推动提升交易效率和公平，进一步规范交易秩序，更好发挥宏观调控作用具有重要现实意义。

一、开展玉米基差交易的现实意义和有利条件

（一）**现实意义**。一是有利于提升交易效率和促进交易公平。基差交易平台可以汇集各方交易意愿和信息，便于企业寻找、筛选交易对手和标的，提升交易效率；实行会员认证制度和保证金第三方存管制度，降低交易信用风险，打消客户对资金安全的疑虑；为市场提供一个公开、透明的基差报价场所，避免逐一询价评估，避免因报价失误导致利润受损，较好地解决传统线下贸易中信息不对称、市场不透明的问题。二是有利于规范玉米交易秩序。国内玉米贸易方式仍以现货贸易为主，期货交易、基差交易尚未形成规模，

在国际玉米贸易中议价能力弱，甚至丧失了定价权。基差交易是欧美市场成熟的贸易方式，也是国际玉米贸易中的主要方式，通过探索推广玉米基差交易，有利于推动国内玉米期货交易市场发展，规范玉米市场流通秩序。三是有利于更好发挥调控作用。2016—2020年，国家开启临储玉米去库存，临时收储政策退出历史舞台，玉米价格逐步由市场决定。通过公开报价的基差交易，有利于更好调控玉米市场，增强宏观调控能力。

（二）**国家粮食交易平台的五大优势**。一是具有丰富的现货交易经验，平台会员数量众多、交易品种多样化、粮食性质多样化、平台服务多样化。二是拥有覆盖全国的分支机构，以国家粮食交易中心为龙头、30个省份交易中心为骨干的国家粮食交易中心体系基本形成。三是具备安全可靠的技术保障，采用先进的计算机技术、网络数据通讯技术和软件开发技术，平台拥有北京中心和安徽灾备中心两个系统服务中心。四是占据丰富的粮食行业资源，可统筹利用系统资源，保证玉米基差交易顺畅。五是具备完善的纠纷处理规则、规范的工作流程，可指导各省交易中心结合本省粮食出库情况制定相关商务处理细则，明确分工、认真落实。

二、玉米基差交易平台的功能设想

（一）**功能设计原则**。一是阳光操作，规范运行。交易全程留痕，强化数据管理。严格遵守交易规则规范，利用现代数字技术，将数据分析研判直接嵌入交易过程，实现交易程序可追溯，交易数据不可更改。二是管理规范，确保安全。打造安全、规范、高效的平台，建立健全风险控制制度，采取人防、技防、制度防相结合的综合防控措施，确保会员资金安全、信息安全、交易安全，维护粮食交易平稳健康运行。三是市场主导，创新引领。充分发挥市场配置资源的决定性作用，平台交易模式、功能设置均以会员需求为导向，交易价格由市场形成。

（二）**具体功能设想**。一是基差定价。采用近年玉米交易累计形成的数据进行集合处理，形成较为公允的现货市场价格指数。同时，采用大连商品交易所玉米期货价格，以两者的差值作为平台向买卖双方建议的玉米基差值。最终应由卖方综合考虑储藏、运输、预期等情况综合确定，由平台买方会员竞价，成交的主要原则注重时间优先和价格优先。二是基差买卖。实际业务中，买方因为基差上涨获利或实际需求发生变化，需要将已采购的基差合同进行销售，基差合同履约义务转移给下游买方。基差买卖可分为两个环节：首先，基差销售后回购，即卖方将基差予以回购或终止，基差价差盈亏进行划转后（变更合同以违约金形式支付），退还双方保证金。可以通过变更合同形式完成回购。其次，基差二次销售，原买方1将合同转给买方2，此时业务关系发生变化：卖方→买方1（身份变为卖方）→买方2，货物是从卖方直接到了买方2，但资金流是从买方2→买方1→卖方。三是基差换月。买方通过基差换月，获取价差收益，降低了采购成本；卖方满足客户多样需求，提高客户黏性，提升自身市场竞争力。买方通过研究近月与远月价差走势，判断未来近强远弱，与卖方沟通达成一致，将基差合同对应期货合约换至远月，对应基差做相应调整。双方进行基差换月操作后，将基差合同进行变更，即基差对应月份和基差同步变更。基差换月的实质是基差合同变更，对应合约和基差同步变更。四是追加保证金，当市场行情变动剧烈，客户点价后遭遇期货价格大幅下跌行情，期货点价亏损可能会超过保证金金额，导致客户违约取消合同。合同或协议中予以明确，基差点价后期价大幅下跌需要追加履约保证金。客户（买方）点价后确认的点价价格和大商所玉米对应期货合约价格走势相关联。五是商品作价。卖方收到买方足额履约保证金后方可作价，买方需在作价合约交割月前两个月的 10 日前，完成 60% 以上的作价，在交割月前 10 日前作价完毕，遇节假日提前至前一个交易日。作价时间为 DCE（大连商品交易所）正常交易时间内，逾期未作价部分：卖方有权按照 DCE 玉米期货合约波动情况代买方强行作价，买方应承担因此产生的损失、风险和责任。在商品作价中，经卖方同意，卖方可二次作价，与卖方达成一致后修改基差价格。变更后的基差 = 原基差 - 二次点价确认时期价 - 第一次点价期价。六是资金结算。会员应选择自行结算或委托平台结算。自行结算的，合同不能在平台进行转让、回购，会员之间自行约定结算方式等合同条款；委托平台结算的，平台按照本办法相关业务规则办理。基差交易采用双边结算、逐笔收付制度。

三、玉米基差交易的保障措施

（一）**优化会员服务，提升平台服务质量和水平**。开放平台会员注册，简化注册流程、交易环节，公开服务流程、工作规范和监督渠道。对平台会员实行分类分级管理，提供专业化服务，加强会员在线互动，及时有效帮助会员解决问题，分析会员粮食交易行为习惯，推送个性化服务。建立会员信用评级制度，增设交易信用档案管理系统。倡导诚信自律，鼓励会员诚信交易、诚信履约，对不诚信会员列入"黑名单"，取消其平台交易资格。

（二）**引进战略合作伙伴，创新基差交易功能**。探索与国内大型互联网企业，引入现代互联网思维，借鉴成功电商企业的市场拓展经验和运营方式，丰富粮食交易模式，常年常时开展贸易粮协商交易，适时组织贸易粮竞价交易。结合 B2B 电商平台发展趋势，创新开展撮合交易、平台自营、商家寄售等多种交易模式。尝试开展以实物交收为目标的现货中远期（订单）交易，着手研究开展符合期货标准的仓单、标准合约的现货交易，满足粮食贸易商现货再次转让或者期货套期保值。

（三）**强化技术保障能力，防范平台运营风险**。借鉴国内外电商平台先进的管理理念、经验和方法，建立健全粮食现货交易风险防控制度，研究制定安全、规范、高效的技术支撑平台系统方案。采用 B/S（浏览器／服务器）架构设计模式，按照安全性能可靠、可扩展性强大、服务功能多样、界面操作快捷、用户体验友好、技术实力先进的理念，丰富系统使用功能，强化信息分析，运用大数据分析工具，为会员、社会和政府提供丰富、及时、个性化的信息服务。

（来源：国家粮食和物资储备局粮食交易协调中心承担的 2021 年度国家粮食和物资储备局软科学课题《探索基于国家粮食交易平台推广玉米基差交易研究》。课题负责人：秦玉云，课题组成员：罗文娟、王新、张琳悦、于丽丽、史敏、李佩璇、涂长明、王献东、陈鹏，中国粮食研究培训中心张慧杰、高丹桂摘编，王世海审核）

优化粮食安全保障体系
持续提升粮食产购储加销协同保障能力

——河南省"十四五"时期粮食安全面临的问题与对策研究

长期以来，河南省在推动经济发展的同时，不遗余力地抓好粮食生产、储备、流通能力建设，不仅满足了本省 1 亿人口的粮食消费需求，而且在保障国家粮食安全中作出了河南贡献，形成了河南经验。"十四五"时期，全省粮食安全面临新形势新要求，面临更多新挑战，必须高度重视，对粮食安全保障体系进行系统化改造提升，力争在更高水平上维护粮食安全。

一、"十四五"时期保障粮食安全面临的主要问题

（一）**环境资源约束趋紧**。一是依靠增加耕地增产难度较大。河南省人均耕地面积 1.12 亩，低于全国 1.45 亩的平均水平，平原地区几乎没有后备资源。二是水资源供需矛盾更加突出。河南人均水资源量仅为全国平均水平的 1/5，亩均水量仅为全国的 1/6。

（二）**种粮抓粮积极性不足**。一方面，农户种粮缺乏积极性。

以小麦为例，2020 年，每年每户种粮收益仅为 6235 元，约相当于一个农民工 1.5 个月的收入。另一方面，产粮大县财政困难，主动重农抓粮的积极性不高。

（三）粮食流通效率不高。一是地方储备粮需探索更精准高效的储备体系。二是粮食储备和物流设施建设滞后，严重制约粮食产业发展。三是国有粮食收储企业空仓率约在 60％以上，企业经营困难。

（四）粮食加工业转型升级滞后。一是产业大而不强。2020 年，在入统粮食企业中，处于停产或破产状态的企业数量占比接近 20％。二是产业加工度低。全省粮食深加工产值占粮食加工业的比重仅为 5.2％。三是研发能力不足。2020 年全省粮食企业研发投入仅为 10.3 亿元，占工业总产值的 0.43％。四是品牌建设明显滞后。河南省在主要粮油产品的区域品牌建设上起步较晚，产业转型升级步伐迟滞。

二、面临的新挑战

（一）生态安全挑战。河南省土地垦殖率高达 48.82％，为全国最高，农田过度利用，且过量的化肥、农药使用，造成土壤板结，土质恶化。

（二）数量安全挑战。河南省在严格落实粮食安全责任制、充分挖掘现有耕地潜力等方面，投入了大量人力财力物力，2020 年粮食产量达到 1365 亿斤，受多重约束，粮食产量持续增长面临挑战。

（三）质量安全挑战。粮食安全正在从数量增长向高质量方向转型。粮食从生产到消费环节多，哪个环节管理不好，粮食质量安全就难以得到保障。

（四）**储备安全挑战**。在上一轮全国政策性粮食大清查中，河南省取得了较好的成绩。但精准高效的储备体系尚未形成，特别是在国有粮食企业经营困难的情况下，可能增加廉政风险隐患。

（五）**流通安全挑战**。尽管河南省在粮食增产和储备上下了很大力气，但粮食生产、收购、储藏、加工、销售等各个环节之间连接较为松散，供应链的韧性不强。2021 年 7 月河南特大暴雨，对粮食治理体系也提出了新问题、新挑战。

三、"十四五"时期保障粮食安全的思路和对策

（一）主要思路

"十四五"时期，要立足新发展阶段，贯彻新发展理念，融入新发展格局，以市场需求为导向，加快粮食加工向绿色高质量发展升级，促进优粮优加；以粮食加工为引领，充分发挥加工对粮食生产的反馈作用，促进优粮优产、优粮优购；以改造提升基础设施为抓手，提升绿色化储粮水平，促进优粮优储；以畅通粮食贸易为重点，稳定粮食供应链，促进优粮优销；以依法治理为准绳，加快立法进程，促进法治治理现代化。通过优化粮食安全保障体系，持续提升粮食产购储加销协同保障能力。

1.打造产业发展"新引擎"，构建现代粮食产业体系。按照"三链同构"发展路径，全面提升粮食产业质量效益和竞争力。加快实施省域公共品牌创建工程，打造"豫麦""豫花生"等省域公共品牌，推动粮食产业提质增效。

2.打好粮食生产"王牌"，优化农业生产经营体系。坚决守住耕地保护红线。加快国际玉米小麦研究中心等研发平台建设，有序推进生物育种产业化。加快发展多种形式适度规模经营。

3.补齐粮食流通基础设施"短板"，打造现代粮食仓储物流体系。立足建设全国重要粮食储运交易中心的定位和目标，规划建设一批集仓储、物流、信息和加工为一体的现代化物流园区，形成资源共享、布局合理、功能完备的现代粮食仓储物流体系。

4.丰富市场调控"工具箱"，完善粮食市场调控体系。统筹抓好粮食政策性收购和市场化收购。强化粮食应急保障网络建设。加强市场监测预警，及时采取有效手段，平抑市场波动。畅通跨区域粮食贸易，提升河南支撑国内粮食消费大市场和链接国内国际双循环的功能定位。

5.发挥法治化治理"定盘星"作用，筑牢粮食安全治理体系。把粮食安全责任制纳入法治轨道，制定《河南省粮食安全保障条例》和《河南省储备粮管理办法》，推动粮食安全由政策治理向法治治理转变。健全国有粮食企业内控机制，坚决遏制粮食企业腐败。

（二）对策措施

1.发挥河南小麦优势，拓展小麦全产业链增值增效空间。加快形成优质小麦专种、专收、专储、专用和经营规模化、产加销一体化的产业格局。结合建设国家粮食产业带，以郑州、漯河、驻马店、焦作等"京广线"沿线城市为核心，建设面制品精深加工集群。

2.加强粮食区域公共品牌建设，推进粮食后加工环节升级。"十四五"时期，要加快实施品牌兴粮战略，加快构建"1+N+N"区域粮食品牌体系（1个省域公共品牌+N个区域公共品牌+N个企业品牌），推动更多粮油产品实现由卖原字号向制成品转变，由卖普通商品向卖品牌商品转变。

3.破解农业用水资源紧缺矛盾，推动粮食生产可持续发展。开展水资源承载能力评价工作，论证水资源承载粮食作物的情况，提前采取应对措施，完善水资源管理系统。推进高效节水灌溉，实施科学灌溉，提高水资源利用率。

4.系统改造粮食流通基础设施，提高节粮减损综合能力。紧紧抓住优质粮食工程这个机遇，开展粮食绿色仓储提升行动，加快推动粮食仓储物流基础设施改造升级，推广绿色、节粮技术和设施设备应用。完善粮食产后服务体系，减少粮食损失。

5.充分发挥市场作用，进一步提高粮食储备效率。推动组建省级政策性粮食集团，提升储备管理水平。开展国有粮食企业改革试点工作，更好保障政策性粮食安全。在深入分析论证的基础上合理确定地方政府储备量，构建精准高效多元储备体系。

6.完善产销区横向支持机制，夯实粮食支持政策。加快河南省粮食安全立法进程，将粮食支持政策纳入法治化治理轨道，稳定种粮主体信心。加强对产销区利益补偿的研究，建立完善的粮食主产区利益补偿机制。

（来源：河南省粮食和物资储备局承担的2021年度国家粮食和物资储备局软科学课题《河南省"十四五"时期粮食安全面临的问题与对策研究》。课题负责人：张宇松，课题组成员：于恒、姚大红、郝宝青、楚昆鹏、闫李慧、焦善伟、李铜山、穆中杰，中国粮食研究培训中心刘珊珊摘编，王世海审核）

进一步提升黑龙江省
保障国家粮食安全效能

　　黑龙江省是全国粮食产量最大、商品率最高、调出量最多的粮食主产省，在国家粮食安全中具有十分重要的地位和代表意义。课题组以黑龙江省为例，认真总结了粮食主产区保障国家粮食安全取得的突出成效，深入分析了存在的主要问题和困难，提出了相关政策措施建议。

一、基本情况和主要问题

　　（一）**粮食生产连年丰收，但农民种粮成本依然偏高**。近年来，黑龙江省持续增强粮食保障供给能力，2020 年粮食总产 1508 亿斤，实现"十七连丰"，连续八年超过 1400 亿斤，三年连续超过 1500 亿斤，连续十年保持全国第一。但多因素导致农民种粮成本增加，利润大幅降低，影响农民种粮积极性。同时，粮食种植户户均占有规模偏低且细碎化，单个种粮农民的承包地不够种，获得足够农地的交易成本太高，种粮农民转移就业和普遍兼业经营成为常态。据萝北县某乡镇调查，2020 年水稻、玉米、大豆单产分别为 560 公斤、580 公斤、136 公斤；亩均利润仅为 744 元、551 元、274 元。

　　（二）**粮食市场化收购比例提高，但新型经营主体发展相对滞**

后。随着粮食收储制度改革红利持续释放，黑龙江省粮食收购市场化比例不断提高，政策性粮食收购比例下降，为促进粮食全产业链协同发展创造了条件。但黑龙江省新型粮食生产主体在土地规模、企业资金、生产装备、农业技术等方面与现代农业发展要求相比仍然存在较大差距。总体上户均粮食种植规模偏低，呈现碎片化特征的较多，一些地方农业生产率不高；多数新型粮食生产主体都是以大豆、玉米等粮食初级加工为主的小型企业，结构单一、科技含量低，抵御风险能力弱。

（三）**农业基础设施条件改善，但资源要素约束趋紧**。黑龙江省积极加强农业基础设施建设，筑牢粮食生产能力基础，取得了明显成效。到 2020 年，全省建设高标准农田 8100 多万亩，实施化肥农药减量行动示范面积 5000 万亩，秸秆综合利用率达 73%，畜禽粪污资源化利用率达 80%，农业科技贡献率达 68%。近年来，水土资源对粮食生产承载力约束趋紧，建设用地增加、灾毁耕地增多和生态退耕严重使得耕地保护压力增大，化肥施用量、农机总动力和有效灌溉面积增加，农用柴油、农用塑料薄膜、农药使用量增多等导致农业面源污染问题凸显，这些都对粮食生产潜力释放带来了较大影响。

（四）**政策性粮食库存数量充裕，但监管和保管难度大**。目前，黑龙江省粮食库存是各省最多的，这为保障国家粮食安全提供了充足的物质基础，但政策性粮食监管呈现点多、面广、线长、量大，管理情况复杂，流通监管难度较大。同时由于科学储粮、绿色储粮技术应用面不广，储粮条件普遍较差，内环流、空调降温等控温技术仅在中储粮系统应用，地方国有粮食企业和租仓企业仍仅靠自然条件储粮。

（五）**粮食加工业发展较好，但粮食产业质量有待提升。**黑龙江省委着力将食品及农副产品精深加工打造成万亿级第一支柱产业。2020 年粮食年加工能力 1823 亿斤，全年加工原粮 910 亿斤，同比增长 13%；实现加工业产值 1410 亿元，增长 22%；主营业务收入 1457 亿元，增长 23%；净利润 30 亿元，增长 68%；完成粮食产后服务项目建设 201 个，农户科学储粮装备 11.41 万套，启动粮食质量安全检验监测项目 76 个，通过铁路外运粮食 522 亿斤。但粮食加工业产业链条短，产品市场竞争力弱，粮食加工产能利用率仅为 50%。稻米加工主要产品为大米和米糠，没有精深加工。玉米加工大部分是淀粉、酒精，仅个别企业可以生产赖氨酸、味精等。大豆加工以油脂为主，进入分离蛋白、浓缩蛋白工艺的很少。

二、有关对策措施建议

（一）**稳定粮食生产效能。**建设高标准农田，降低粮食种植成本，促进种粮农民增产增收。做好农机农艺与良种良法结合，积极推进粮食耕作方式的变革，倡导轻简化栽培模式，推广旱杂粮套种，提高单产和品质。做好粮食生产与流通环节的改革，实现价格干预向调节供求转变，用符合市场规律的理念和方法弥补市场失灵。提升和加强全链条管控效能，积极探索垦区降低成本增加收益的方式方法，提高垦区种植效益。

（二）**激发种粮主体增收效能。**鼓励和引导有转移就业意愿的种粮农民把土地流转出去。以种粮农民增收为着力点，对种粮农民"晓之以理"的同时，更要"诱之以利"，建议加大补贴力度。造就高素质新型种粮主体，培养种粮农民企业家，培育发展种粮社会化服务组织。继续做好粮食产后服务体系建设，帮助种粮农民和新型种粮主体建设多功能粮食产后服务中心。

（三）**有效培植粮食安全效能**。增强黑土耕地对粮食生产的承载能力，实施黑土地保护利用工程，实行最严格的耕地保护制度，实施"5+2"田长制，加强黑土地保护利用立法，依法严厉打击惩处破坏黑土地的违法犯罪行为。加强农业面源污染防治，倡导使用有机化肥、绿色农药和可降解农膜，健全源头控制和无害化处置长效机制。多渠道培育承储主体，构建起以国有粮食收储企业为主，民营粮油加工企业、种粮大户等为辅的承储主体队伍。

（四）**提高储备安全管理效能**。科学制定粮食收储价格政策，并发挥好导向作用。构建系统且独立的粮食收储科技政策，抓好粮食收储科技，重点攻克绿色储粮、节粮减损、营养健康等技术难题。规范粮食收储和流通的监管，全面巡查与专项督查相结合，强化风险防控。

（五）**提升产业可持续发展效能**。高端规划储备粮企业可持续发展愿景，积极推进粮食产业化工程，完善国有粮食企业收购延伸点，提高国家粮食企业的粮食收纳能力。强化产粮大省对粮食产业发展支持能力建设，改造升级传统粮食企业生产工艺，鼓励和支持新建粮食企业。强化粮食后加工环节的延伸，努力使加工能力与实际加工量相符，进一步延伸加工链条，强化系列食品开发，突出抓好深加工产品，增加功能性产品供给。

（来源：国家粮食和物资储备局黑龙江局承担的 2021 年度国家粮食

和物资储备局软科学课题《新冠肺炎疫情下产粮大省储备管理和应急保障效能研究》。课题负责人：张继祥，课题组成员：潘升、谢永升、何双成，中国粮食研究培训中心高丹桂摘编，王世海审核）

提升粮食储备应急保供能力
切实保障边疆民族地区粮食安全

云南地处西南边陲，集边远山区、边疆地区、少数民族聚居区于一体，粮食自给率在 76% 左右，旱灾、低温冷冻、洪涝、地震、地质灾害等自然灾害频发，粮食生产、加工和运输条件复杂，粮食应急保障压力大。进一步优化粮食储备布局，完善应急保障体系，提升应急保障能力，对于确保云南粮食安全具有重要意义。

一、云南省粮食安全形势和问题

（一）**粮食生产持续稳定发展，但供需缺口仍然较大**。得益于玉米和薯类产量增加较多，云南省粮食总产量稳步增长；但 16 个州（市）中，除德宏州粮食能够自给外，其他 15 个州（市）都产不足需，需要从省外调入弥补产需缺口。2016—2020 年，全省粮食总产量从 1815 万吨增长到 1896 万吨，消费量从 2160 万吨增加到 2460 万吨，通过铁路从省外调入粮食数量从 444 万吨增加到 558 万吨，目前云南省粮食自给率在 76% 左右。特别是稻谷、小麦、玉米三大谷物缺口都比较大，从省外调入数量逐年增加，加上处于边疆地区，运距较远，运输物流成本较高。稻谷主要从黑龙江、吉林、江苏、安徽、湖南、辽宁等省购进，小麦主要从河南、山东、湖北等省购入，玉米主要从山西、内蒙古、河南、湖北、新疆等省（区）购进。比如，从东北调入粳稻运输距离超过 4000 公里，物流成本占销售价格 30% 以上。

（二）政府粮食储备数量充足，但区域布局不尽合理。云南省辖区内有中央、省、市、县四级粮食储备。16 个州（市）中，同时具备中央储备和省级储备的有 8 个，只有中央储备的有 3 个，只有省级储备的有 3 个。临沧和怒江两市州完全没有中央和省级储备，而这两个州（市）自然灾害较为多发，辖区面积较广，区域交通条件、应急加工能力都比较落后。玉溪—普洱—西双版纳一线，普洱、西双版纳区域内只有少量中央储备粮库存，没有省级储备，同时与之相邻的临沧既无中央储备也无省级储备，这片广大的滇西南区域因为偏居一隅，能够应急的粮食只有市、县两级储备，且储量很小，应急保障能力较弱。

（三）粮食加工产业发展迅速，但产业结构矛盾突出。一方面，玉米和小麦加工业迅猛发展。玉米主要用于饲料加工。正大、正邦、安佑、新希望六和、双胞胎、通威、海大、禾丰、牧原等大型饲料加工养殖企业，持续加大在云南布局力度，逐渐形成以昆明、玉溪、曲靖、大理等物流发达的地区为重点的饲料加工聚集区。2020 年，全省饲料产量达 1000 万吨以上，较上年增长 26%。随着益海嘉里（昆明）食品工业有限公司的进入，云南面粉加工企业优胜劣汰步伐加快，面粉加工产业集中化发展趋势明显，大量落后小面粉厂淘汰出局，面粉加工企业从 20 多家锐减到 5 家，规模效应逐步凸显，生产现代化水平得到较大提高。另一方面，稻谷加工企业"小散弱差"。总体看，稻米加工企业规模小，加工方式单一，企业竞争力较弱，协同运转效率低下。布局以昆明、德宏为主，红河、曲靖、文山次之，其他州（市）加工企业数量和年产能均较少。2020 年，全省稻米加工企业 115 家，其中年产能上万吨仅 32 家，占 28%；5000 吨至 10000 吨的 24 家，占 21%；1000 吨至 5000 吨的 46 家，占 40%；其余的不到 1000 吨。

（四）**粮食应急体系逐步健全，但发展不平衡问题明显**。近年来，云南省统筹全省人口、区位、交通、自然灾害风险等因素，积极推进粮食应急保障网络与放心粮油供应网络、军粮供应网络、物流配送网络、粮食批发市场等有效衔接，基本实现应急保障全覆盖和省域联动应急保供。目前共建立粮食应急供应网点 2300 个、应急配送中心 112 家、应急储运企业 71 家、应急加工企业 153 家、应急保障中心 80 家。但粮食应急体系建设发展不平衡，编制人员严重不足，应急加工能力建设存在短板。丽江尚未建立应急配送中心，丽江和楚雄等 2 个州（市）无应急储运企业，丽江和红河等 2 个州（市）未建立应急保障中心。部分县区仅有 1 人负责粮食工作，粮食应急工作涉及企业多，没有专门的编制负责粮食应急工作，只能由系统内部调剂人员临时管理，工作连续性不强。应急加工企业普遍规模较小、加工能力有限、加工设施设备较差。粮食应急企业监管机制和激励约束机制不健全，一旦发生应急状况，难以达到理想应急效果。

二、有关政策建议

（一）**优化品种结构和区域布局，增加粮食储备规模**。一是合理调整储备区域布局。基于中央、省级等储备粮不同的动用标准和各地具体的交通条件，建议对储备布局进行适当调整。中央储备应向加工企业区域聚集，向消费人口多的城市，如昆明、曲靖、大理等地区集中；而地方储备在向加工企业区域聚集和消费人口多的城市聚集的同时，还应考虑到偏远地区应急保障问题，适当扩展储备布局范围，以适应新形势下的应急保障需求，更好应对突发重大应急事件。二是适当增加口粮储备规模。建议国家有关部门结合云南省口粮产需实际，在调减籼稻储备数量的同时，适当调增粳稻、小麦和玉米储备规模，使储备与需求相一致。三是落实小包装成品粮油储备。建立云南省成品粮油应急储备，出台成品粮油具体管理办法和成品粮油应急动用实施细则，制定应急保障实施方案，明确储备规模、品种、方式，规范动用数量和时间、存放地点、交通运输、成本核算等，确保应急状态下粮油储备物资调得动、用得上。

（二）强化粮食应急保障体系，增强应急协同保障能力。一是建议国家有关部门在粮食应急供应网点建设、粮食加工体系建设等方面给予适当补助或出台相关配套支持政策，助推云南省粮食应急网络体系建设。同时，尽快建立全国粮食应急信息资源共享机制，实现粮食应急快速响应和联合互动。二是完善粮食应急央地协同机制。进一步强化中央储备粮与地方储备粮协同运作，在准确把握各级政府储备功能定位的基础上，加强会商协调，完善落实轮换协调运作、粮油应急保障、信息互通共享等机制，提升储备粮油应急保障能力，在市场监测预警和衔接应急加工、运输、终端投放等方面开展合作，加快构建新的粮食储备管理格局。三是完善粮食应急保障网络。粮食应急处置中有大量工作需要动用社会资源、委托社会企业来承担，要积极建立以国有粮食企业为骨干、广泛动员社会力量参与的应急保障网络，积极引导中粮等大型国有粮企到地质灾害频发、突发事件较多、应急保障任务较重的边远地区建立粮食应急保障基地。

（三）升级粮食物流网络体系，提升粮食安全保障水平。一是以推进粮食运输储藏"四散化"为核心，加快构建一体化区域性粮食物流中心，实现与全国粮食物流大通道的对接。大力发展现代粮食物流业，构建粮食物流网络体系，促进粮食流通高效、便捷、安全运行，有效降低中间成本。依托现有救灾物资物流体系，进一步提高应急保障能力。二是推动开展多方面合作交流。推动粮油企业在企业管理、制度建设、质量检验、信息化运用、新技术运用等方面广泛深入开展互学互鉴，积极探索物流设施、质量检验仪器设备等硬件共享共用，减少重复建设，节约资源，降本增效，共同推进储备管理高质量发展。三是组织全国范围的调查研究，切实掌握各省粮食需求、产量、调入调出数量等，重新对粮食产区、产销平衡区、销区进行综合评定，针对不同地区出台不同政策，确保区域粮食安全。

（来源：国家粮食和物资储备局云南局、云南省粮食和物资储备局、中储粮云南分公司共同承担的 2021 年度国家粮食和物资储备局软科学课题《优化粮食储备布局，提升应急保障能力，确保云南粮食安全研究》。课题负责人：刘嘉礼，课题组成员：陆春涛、乔春雷、李瑾玲、李昆、王小霖、苏桐江、李红灵、吴胜财、赵庆华，中国粮食研究培训中心胡耀芳摘编，王世海审核）

第 五 篇
着力提高
管粮管储效能

聚焦"五优联动" 强化"优粮优储" 全力保障成品粮储备安全

2003 年"非典"疫情之后，我国开始逐步设立成品粮储备。2016 年，《粮食行业"十三五"发展规划纲要》强调，充实成品粮应急储备，提升成品粮应急供应能力。新冠肺炎疫情暴发以来，上海市积极落实国家要求，加强宏观调控，加大投放力度，落实增储规模，为保障超大型城市安全发挥了积极作用。本文对上海市成品粮储备典型模式进行了全面分析，研究提出加强成品粮储备"优粮优储"建设的发展取向和可行性建议，具有一定的借鉴参考价值。

一、上海成品粮储备现状

（一）**总体概况**。上海年均粮食产量约 90 万吨，全年粮食消费量约 600 万吨，80%以上的粮源需要从市外采购。截至 2020 年底，全市两级粮食储备共存放于 81 个储存库点，总完好仓容约 560 万吨。成品粮储备规模上，满足 15 天市场供应量。布局与结构上，市级成品粮储备分散在 6 个市级储备库及 6 家"藏粮于企"企业，9 个郊区共有 10 个成品粮储存库点。成品粮储存以 50 公斤大包装编织袋为主，中小包装比例仅为 10%左右。轮换上，目前市、区两级成品粮储备轮换存在多种形式，大部分成品粮储备 2 年轮换一次，部分承储企业成品粮轮换采取与加工结合方式，一般半年至1年轮换一次。

（二）"优粮优储"经验模式

1.松江模式——精细化管理。松江区立足市情区情，聚焦成品粮储存环节，通过改造设施提升能力，强化科学管理降本增效，储加一体协同发展，优粮优价助力提升产业竞争力，探索出一条粮食产业"五优联动"新模式。松江区级成品粮储备规模3000吨，品种均为松江本地产粳米，以定量（50kg）包装的形式储存在准低温仓内。2011年，在泖港粮库设立大米加工厂，引进日本佐竹精米加工设备，实现大米生产加工全自动化控制，日加工稻谷能力150吨。成品粮储备每年轮换一次，粮源全部为本地产粳谷，经库区内大米加工厂自行加工，要求符合国家中等以上质量标准。轮出通过网上竞价销售，历年成交价格显示，竞卖的储备大米各项质量指标均优于全市平均水平，成交价格均高于全市均价。既解决了储备大米轮入加工转化问题，又打造了"上海好粮油"品牌——"松粮大米"，成功实现从"卖稻谷"向"卖大米"转变。

2.宝山模式——优化轮换方式。宝山区成品粮储备承储企业拥有2个粮食储存库点和2个大米加工厂，储存库点束里桥粮库内建有日加工能力330吨的大米加工厂。从每年原粮稻谷轮换计划中预先留足，经加工后轮入专用仓库，成品粮储备1—3月期间不轮换，4—12月期间根据在库粮食质量监测情况及市场供需形势，轮换2—5次。这种储备粮轮换一次计划、分批执行的模式，使原粮储备和成品粮储备转换灵活、无缝衔接，既实现了常储常新的目标，又能结合市场供需形势灵活应变。

3.海丰模式——科技引领。上海海丰米业有限公司是国家级农业产业化重点龙头企业,作为"藏粮于企"企业承担上海市级储备粮储存任务。持续大力推广科学保粮手段,推行缓释通风技术、内环流均温技术、导风管结合环流风机排边壁高温等技术,升级改造粮食储藏设施。建设低温保鲜立筒粮库和新型散装大米准低温仓,确保稻谷和半成品糙米 15℃—25℃ 低温储藏环境,推出的海丰冰鲜米受到市场欢迎。结合自有加工能力实现了稻谷从田头到消费端的全冷链流通建设,走出了一条加工企业成品粮储备"优粮优储"特色之路。

二、成品粮储备"优粮优储"制约因素分析

（一）**成品粮储备规模偏低、品种单调。**上海市目前成品粮储备规模仅能维持全市常住人口 15 天消费量,成品粮储备应急保障能力尚显不足。成品粮储备品种仅大米、面粉及食用油三种,市场对粮油产品高品质、多样化的需求未有效传导至储存环节企业,"优粮优储"激励机制有待建立。

（二）**成品粮储备结构和布局与应急需求不匹配。**上海成品粮储备以大包装成品米为主,且以无标志编织袋包装形式储存,在应急状态下无法直接动用,现有小包装成品粮储备可供应市场仅约 1 天。市级成品粮储备位于中心城区的库点仅 3 家,仅占总成品粮储备的 35%；区级成品粮储备共 3 万吨,全部存放于 9 个郊区,7 个中心城区无成品粮储备任务,成品粮储备布局存在与人口分布错位问题。

（三）**成品粮储存设施水平有待提升。**目前全市近 9 成仓房的气密性为最低级别,导致适合成品粮储存的低温储粮技术效果欠

佳，使用成本增加，经济效益降低，造成低温准低温仓房控温设施闲置不用或间歇性使用情况。据调研，仅有部分库点能实现全年准低温储存，几乎没有库点能实现严格意义上的低温储存。大多数成品粮储备为包装堆垛形式，适于储存小包装成品粮的货架式仓房比例极少。

三、成品粮储备"优粮优储"发展路径

以数量充足、调运便利、质量安全、机制灵活、常储常新、优粮优储为主要目标，坚持问题导向，统筹谋划，优化调整，构建主体多元、形式多样、优储适需的成品粮储备体系，推动有效市场和有为政府更好结合，保障城市粮食安全。

（一）**增加规模、优化结构，提升应急保障能力**。推动成品粮储备规模逐步提升，在"十四五"期末达到满足30天市场供应量，其中中小包装成品粮储备比例达到50%—70%。优化成品粮储备结构，动态调整大米、面粉、食用油储备规模，丰富储备品种目录，将方便食品等粮油产品纳入成品粮储备范畴；提高能立即投放市场的中小包装成品粮储备比例，探索糙米、散装大米（面粉）、吨袋等储存形式；科学确定包装粮与散装粮、成品与半成品等比例问题；合理确定动态和静态成品粮储备比例；明确市区两级成品粮储备比例、功能定位及职责分工，适当增加五大新城所在区成品粮储备规模。

（二）**统筹规划、优化布局，确保调运迅速有效**。编制地方粮食和物资储备规划，纳入国民经济和社会发展规划，在国土空间规划中统筹粮食仓储、物流、应急保障等设施用地，守住保有粮食储

备基础设施底线。优化布局，形成"3+2+9"市、区两级成品粮储备库新格局。完善集储备、加工、配送为一体的成品粮应急保障中心建设，优化调整应急供应网点，备足配齐应急配送能力，强化协同机制，确保成品粮应急响应迅速、运转高效、区域联动、保障有力。

（三）**创新机制、市场运作，确保粮食常储常新**。深化成品粮储备机制改革，创新完善轮换机制与轮换形式，增加轮换频次，缩短轮换周期，实现成品粮储备快进快出。推动成品粮储备轮换上平台公开竞价。鼓励模式创新，以市场化方式解决中小包装成品粮储备轮换难题。建立成品粮社会责任储备，重树粮食企业的社会责任，形成政府储备与企业储备功能互补、协同高效的新格局。

（四）**技术保障、强化监管，确保粮食储备安全**。全面推进高标准粮库建设，建立成品粮库建设地方标准，推进成品粮储备库控温、绿色、智能化建设改造，推广绿色仓储创新技术应用，力争"十四五"期间成品粮储存控温设备全覆盖、在线监管全覆盖。建立粮库分类管理体系，开展上海地方储备粮"规范库"考核评价活动。进一步加强专业粮食质量检验监测能力建设，建立成品粮质量安全风险监测网络和风险评估体系，提升成品粮质量安全风险防控能力。

（五）**引导消费、优粮优储，促进储备降本增效**。强化以优质品种为主的中高端粮油产品有效供给，增加多元化、定制化、个性化成品粮制成品供应。大幅增加优质产品比例，充分利用好粮油平台等营销展示手段，鼓励承储企业提升市场销售能力。制定成品粮品种品质评判标准，推进成品粮储备按品种等分仓储存、分类管理、优储适需，鼓励采取货架式、灵活隔断等形式，实现仓房专用、仓容可调、温湿适需。

（来源：上海市粮食和物资储备局承担的 2021 年度国家粮食和物资储备局软科学课题《上海成品粮储备"优粮优储"研究》。课题负责人：殷欧，课题组成员：沈红然、王菁、齐岩波、金峰、洪小琴，中国粮食研究培训中心刘珊珊摘编，王世海审核）

建立粮食加工企业社会责任储备制度 推动形成政府储备与企业储备 互为补充的粮食储备新格局

2019 年 5 月，习近平总书记主持召开中央深改委第八次会议，审议通过《关于改革完善体制机制加强粮食储备安全管理的若干意见》，明确要求建立粮食加工企业社会责任储备制度。企业社会责任储备是一项全新的制度安排，福建省粮食和物资储备局在充分借鉴食盐和煤炭行业经验做法，组织开展全省粮食和物资储备系统调研的基础上，对相关重点难点问题进行认真研究分析，有针对性地深入部分市县重点企业开展调研，提出建立粮食加工企业社会责任储备制度的对策建议。

一、现状与问题

我国粮食库存大致可分为政府储备和社会库存，政府储备包括中央储备粮、地方储备粮以及粮权归属各级政府的临时（周转、专项等）储备粮；社会库存指除政府储备外，各类涉粮企业存粮和城乡居民家庭存粮。总体上看，我国粮食库存以政府储备为主，社会库存占比相对较低。以福建省的主要口粮品种稻谷为例，入统企业的稻谷月均库存长期只占地方政府储备库存的 20%—30%。而且季度性周期性波动较明显，不同粮食品种的最高和最低月均库存相差 1.5—3.5 倍。2020 年春节期间，受新冠肺炎疫情以及虚假社会舆情影响，福建省个别乡镇出现"大米抢购"现象，部分市县紧急动用企业大米库存投放市场，"抢购"现象很快得以平息。但个别市县因春节假期和疫情防控期人流物流受到限制，暴露出成品粮库存不足、应急加工能力存在短板、储加销衔接不畅等问题，以及政府储备的原粮与应急需要的成品粮存在结构性矛盾。此外，福建省粮食加工企业"小散弱"现象突出，几乎都是民营企业，产能无序扩张，低端产能过剩，产业链条短，企业效益普遍较差。

二、借鉴与启示

食盐、煤炭与粮食有很多共同之处，其建立企业社会责任储备的做法，对粮食行业而言具有较强的借鉴价值。食盐行业要求承担政府储备的企业，必须无条件地承担一定规模的社会责任储备；按照月均销售量核定企业社会责任储备规模，要求不得低于企业正常情况下 1 个月的平均食盐销售量。而煤炭行业是按照设计产量和煤炭价格核定企业社会责任储备规模，当动力煤价格处于绿色区域时，应保持不低于 5 天设计产量的最低储煤量；其建立的以最低库存和最高库存为主要内容的社会责任储备制度，对完善粮食经营者最低最高库存制度，也有一定的借鉴意义。粮食加工企业也可考虑按照企业月均销售量或按一定天数的设计加工能力核定社会责任储备规模。

三、对策与建议

（一）**统一管理，分级建立**。统一规划布局，符合条件的年主营业务收入 2000 万元以上的粮食加工企业，可自愿向当地粮食和物资储备部门申报拟承担的社会责任储备规模，县、市逐级审核推荐上报至省粮食和物资储备局。省市两级主要考虑省市属企业、利用省市粮库富余用地建设加工生产线的企业以及规模较大、综合实力较强、辐射半径较大的企业。各级粮食和物资储备部门会商财政部门提出本级企业社会责任储备规模、布局和品种结构报本级政府批准后实施。省粮食和物资储备局负责统筹协调全省企业责任储备规模、总体布局和品种结构。企业在承担本级社会责任储备规模外，仍有余力的，可继续申请承担其他层级的社会责任储备。统一申报条件，统一规定全省承担社会责任储备的企业必须具备的资格条件，对加工能力、主营业务收入等部分重点指标，适当考虑地区差异性（可采取区分产销区或划分为一类、二类地区等形式），实行差别化的政策。统一管理标准，统一要求企业社会责任储备的成品粮比例必须达到 30% 以上。制定全省统一的管理制度，对各级社会企业责任储备按照统一规定实施严格管理，切实做到品种、数量、质量、存储地点"四落实"。统一管理平台，建设全省统一的企业社会责任储备管理信息化平台，实现统一管理。统一奖惩机制，企业对承担的社会责任储备负主体责任。除因各级财力差异造成补贴标准或补贴项目不同外，各级社会责任储备企业享受同等激励约束机制。

（二）**从严审核，公开公正**。在国家强制要求规模以上粮食加工企业都要建立社会责任储备的相关法律法规出台之前，有必要设置准入门槛，集中有限资金扶优扶强，最大限度地发挥财政资金的使用效益。按照宁缺勿滥原则，从企业主营业务收入、加工能力、年加工量、仓容条件、资产负债率、产能利用率等方面严格设置申报条件。按规定查询申报企业是否存在行贿犯罪、偷税漏税、恶意欠薪等不良记录，以及是否发生过重大安全生产、重大食品安全事故，按程序征询公安、税务、市场监管等有关部门意见，对存在相关违法违规行为的企业实行"一票否决"，确保社会责任储备企业的质量和公信力。严格执行集体决策、社会公示等程序，确保入选承担社会责任储备的企业经得起社会监督和时间检验。

（三）**部门联动，强化支持**。对于承担社会责任储备的企业，粮食和物资储备部门优先安排代储各级政府储备，优先列入引粮入闽奖励、粮食应急加工产能提升等专项财政资金补助，优先推荐申报"中国好粮油"示范企业和产品遴选，协调有关部门积极争取列入承担政府商品储备企业目录，享受相关税收优惠政策。财政部门安排必要的资金给予贷款利息及保管、轮换等费用补助。发改部门在安排粮食安全保障调控和应急设施、低温成品粮仓储设施等项目补助时，优先向承担社会责任储备的企业倾斜。金融机构支持安排企业社会责任储备粮食所需贷款。工信部门将承担社会责任储备的企业实施技术改造纳入工业企业技改补助范围。

（四）**加强监管，优胜劣汰**。按照属地监管和层级监管相结合的原则，省市县三级粮食和物资储备等相关部门根据各自职责，加强"双随机一公开"监管和信用分级分类监管。整合现有的粮食流通统计、原粮质量追溯、储备粮管理等系统平台数据资源，建设全省企业社会责任储备管理信息系统，通过物联网、视频监控、大数据等技术，对企业购销调存加等活动全方位在线监控，实现"穿透式"管理。建立粮食加工企业社会责任储备落实情况考核制度，实行优胜劣汰的动态调整机制。充分发挥粮食行业协会的作用，督促引导企业主动履行社会责任，将企业社会责任储备落实情况纳入企业信用记录，实施守信联合激励和失信联合惩戒。

（五）**按需动用，合理补偿**。在非应急时期，企业承担的社会责任储备用作库存周转，实行自主经营、自负盈亏。应急时，企业必须无条件执行政府及有关部门下达的动用社会责任储备指令，并全力配合做好粮食应急加工、出库等任务，确保关键时候"调得动、出得快、用得上"。除应急时动用社会责任储备外，企业还应当作为政府粮食宏观调控的载体，无条件服从政府统一调度，承担调节区域粮食市场供求、稳定粮食市场价格等任务。企业社会责任储备动用后，企业应及时补充库存，防止出现断供。按照"谁动用、谁补偿"原则，下达动用指令的部门应会同本级财政部门及时对动用粮食的进销价差损失，应急调用的组织、运输、投放等相关费用进行核算，并给予相应的费用补偿。

（六）**加快立法，完善制度**。建议加快推进《粮食安全保障法》《福建省粮食安全保障条例》等法律法规立法，明确规定粮食加工企业建立社会责任储备的权利和义务，切实做到有法可依、违法必究，为企业社会责任储备的落实提供法律支撑和根本保障。同时，抓紧制定全省统一的粮食加工企业社会责任储备管理办法，联合有关部门报请省政府批准后实施。认真总结粮食加工企业社会责任储备试点经验，不断调整完善相关政策，压实企业责任，推动形成政府主导、社会共担的粮食安全责任机制和政府储备与企业储备有机结合、功能互补的粮食储备机制，进一步增强粮食安全保障能力。

（来源：福建省粮食和物资储备局承担的 2021 年度国家粮食和物资储备局软科学课题《建立粮食加工企业社会责任储备制度的探索和研究》。课题负责人：孙建平，课题组成员：林星、林华全，中国粮食研究培训中心刘珊珊摘编，王世海审核）

建立完善粮食安全保障央地协同机制
提高防范粮食安全风险能力和保障水平

新冠肺炎疫情在全球范围内的暴发和蔓延，加剧了世界粮食供求形势的复杂性和不稳定性。疫情期间，中央和地方发挥央地协同作用，共筑粮食供应保障安全屏障，确保了粮食市场稳定，体现了央地协同应对、协同保障对于确保区域粮食安全乃至国家粮食安全的重要性。广东是全国最大的粮食主销区，粮食对外依存度高，粮食安全保障任务重、风险高，对此进行了有益探索，在全国具有典型性。

一、实践探索

（一）以保供为目标，探索建立央地多部门协同保障机制。机构改革后，新组建的国家粮食和物资储备局在地方的粮食管理机构和力量得到加强。国家粮食和物资储备局广东局、广东省粮食和物资储备局、中储粮广州分公司、广东省储备粮管理总公司四部门（下称"四部门"）在地级市均有下属分支机构或下级管理部门，为央地横向和纵向联系建立了比较好的协同基础。疫情期间，四部门共同建立了粮食安全保障工作央地协同机制，联合开展广东省首次央地联合粮食供应保障应急演练，走在了全国前列。

（二）**以储备为依托，积极寻求政策性业务互助合作。**广东基本形成了中央与地方互为补充的储备体系和储备粮库网络。数量上，以地方储备为主，中央储备为补充。储备仓容上，中储粮 17 个库点与省直属 9 个储备库点互为补充，实现了 21 个地级以上市全覆盖。特别是在地方储备仓容薄弱的东西翼沿海经济带，中储粮直属库加大布局建设，有效弥补了区域仓容不足的短板。而在北部生态发展地区，地方粮食储备仓容相对充足，对中储粮直属库的仓容缺口形成补充。基于这样的互补结构，央地在储备方面协同运作，取得积极效果。

（三）**以市场为纽带，共创共享粮油供应链融合。**2020 年，广东全省入统粮油加工业产值 2400 亿元，工业饲料总产量连续 18 年位居全国首位。其中，中粮系统的粮油企业加工业总产值超过 130 亿元，占全省粮油工业总产值的 5.4%，市场份额逐年提高，为央地深化市场合作奠定了基础。一是加强市场购销合作。中央事权粮食轮出及贸易销售对象多为省内粮食加工、饲料及养殖企业，主要为粮食消费、加工提供粮源。地方国有粮食企业与中储粮、中粮多家粮食企业开展了广泛的粮油购销业务合作。二是拓展地方和央企合作新模式。惠州市收购中储粮原陈江库区总仓容 7.5 万吨，并支持中储粮另选址新建扩建仓容 12 万吨，开创资产置换合作新模式。三是推动央企大型粮食项目落地。支持建设中粮广东粮油产业园项目、中储粮新沙港直属库项目，完善地方粮油供应链。

二、存在问题

（一）**央地合作交流缺乏制度基础。**经对 1 个省级、21 个市级、

122 个县（区、市）级共 144 个广东各级粮食和物资储备部门（含同级政策性粮食企业）进行的问卷调查发现，近 5 年，上述部门（机构）与中央在粤有关单位开展过业务合作交流的不到 30%，合作形式主要是政府储备业务合作，这类合作在 2018 年以后也趋于减少，目前保持合作交流的数量已不到 20%。由于缺乏制度基础，难以推动央地协同发展格局的形成。

（二）**央地协同保障能力尚未实现统筹布局**。储备品种结构衔接不够。广东地方粮食应急保障体系建设，较少统筹考虑中央储备粮的品种和布局，应急保供体系还没有实现统筹共建。

（三）**中央在地粮食信息共享不完全**。目前，除中储粮广州分公司与地方定期交换其承储的中央事权粮食相关信息外，其他信息沟通渠道还不畅通。地方无法掌握区域内中央事权粮食必要情况，中央事权粮食的食品安全、安全生产等方面的属地监管责任难以落实。

三、措施建议

（一）**发挥中央统筹谋划功能，强化地方落实主体责任**。中央站在统筹全局的角度，对粮食安全保障央地协同进行基础性制度安排，明确央地协同目标、主体、领域、方式，并在扩大央地协同领域、创新协同方式上出台指导性意见。地方政府应强化大局意识和责任落实，积极调动基层组织力量和资源，研究制定协同推进广东粮食安全保障的各项配套制度措施。

（二）**建立完善权责清晰、落实到位的协同监管机制**。一是地方用好粮食安全责任制考核这根"指挥棒"，加强地方跨部门协同监管合力，确保粮食属地监管责任落实到位。二是强化央地信息沟通协调。将信息交换拓展至承担中央事权粮食承储任务的全部中央在粤机构和所有政策性粮食品种及布局。三是搭建常态化交流平台，央地联合开展人才培养、业务培训，合力加强队伍建设，央地共建粮油库存检查联合专家库。

（三）**建立完善资源统筹、综合利用的协同保障体系**。一是强化央地储备布局结构衔接。统筹考虑地方储备粮和中央储备粮分布，调整优化应急网络布局。将中央在粤粮食加工供应能力纳入地方粮食应急保障体系，共建区域性、国家级粮食应急保障中心。二是统筹利用粮食仓储设施，允许中央和地方将符合储备条件的闲置的储备仓库互相补充利用。加强中央和地方国有粮食企业合作，建立完善互利共赢、持续开放的协同发展格局。

（来源：广东省粮食和物资储备局承担的 2021 年度国家粮食和物资局软科学课题《粮食安全保障央地协同机制在广东的实践与探索研究》。课题负责人：肖晓光，课题组成员：邓伟珍、吴少宇、朱健、王发恭、程磊、刘建姣、李平、王会会，中国粮食研究培训中心刘珊珊摘编，王世海审核）

加快补齐信息化建设短板弱项
筑牢地方粮食储备监管防线

近年来，全国粮食和物资储备系统深化改革、转型发展深入推进，各地各单位切实加强粮食领域信息化建设，建成了一批信息化平台和智能化粮库，为提高粮食安全保障水平提供了强有力支撑。当前，粮食储备监管新形势新任务对信息化建设提出新要求。贵州省粮食和物资储备局对该省粮食行业信息化建设工作进行调研，总结经验，查找问题不足，提出推动政策性粮食监管方式改革创新的措施建议，为全系统进一步加强信息化建设提供有益参考。

一、贵州省粮食行业信息化监管取得积极成效

（一）打造"贵州模式"，监管基础更加坚实。依托"云上贵州"平台建立贵州省粮食和物资储备局"1930"系统，即1个平台、9大系统、30个子系统，全面打造贵州省粮食和物资储备系统"数据管理中心""决策指挥中心""市场监测中心"和"社会服务中心"，信息化库点全部与省级平台、国家平台联通。截至目前，省级储备粮库实现信息化全覆盖。

（二）建成"智慧粮库"，监管手段更加智能。全力推动粮食仓储信息系统建设和应用，仓储管理智能化、数字化水平不断提高。

信息系统自动分析上报全省粮情数据，发现异常及时预警，由被动监管转变为主动监管。粮食购销轮换等业务流程进一步优化，出入库效率提升约40%；检化验、称重、结算等环节实行痕迹化管理，减少人为干扰，最大限度堵塞管理漏洞，有效遏制"转圈粮""人情粮"等问题。

（三）织牢"监控天网"，监管效率显著提高。粮食行政管理部门通过在线监管系统远程开展粮食数量质量、安全生产等检查，形成线上线下执法联动，实现"穿透式"监管。省级储备库点实现安防监控全覆盖，每日24小时在线监控，每周定期开展远程巡查，管理人员可在手机系统上进行出入库管理、视频监控等，减少人工进仓作业，监管效率提升30%以上，有效降低安全生产事故率和监管成本，极大缓解基层粮食监管力量薄弱问题。

（四）汇聚"数据大脑"，监管信息更加透明。全力打造贵州省粮食数据资源中心，通过省级大数据管理应用平台，横向与省应急厅等省直部门实现数据共享交换，纵向与国家粮食和物资储备局平台、基层粮库企业联通，为提升全省政策性粮食监管水平提供有力支撑。

二、存在的主要问题

（一）地方政策性粮食信息化库点覆盖仍"有盲区"。当前，中央储备粮和国家政策性粮食信息化覆盖率达到100%，地方储备粮信息化覆盖率也超过90%，但作为政策性储备粮体系"神经末梢"的市、县两级储备粮信息化推进工作进展较慢。以贵州省为例，省级储备粮直属库、代储库实现了信息化全覆盖，但市、县两级只实施了 20 个信息化项目，距离政策性粮食信息化全覆盖仍有一定差距。

（二）**粮食信息化系统功能应用仍"需提升"**。已建成的信息化系统在出入库、仓储保管等业务环节之间衔接方面还有不足，不能提供监管检查所需要的全流程记录；粮食业务数据的逻辑性、准确性有待加强，相关数据只能作为参考，还不能成为电子证据；信息技术和业务应用"两张皮"，数据价值未充分挖掘。迫切需要运用信息化技术进一步优化功能，保证每笔储备粮从计划下达、入市收购、检斤称重、质量检验、高效入库、仓储保管到拍卖出库的全流程公开透明、逻辑严密、勾稽精准、账实相符，为粮食储备监管提供强有力数据支撑。

（三）**储备环节以外的信息化建设仍"有短板"**。目前粮食信息化建设的应用场景主要集中在收储环节，加工、运输、消费、应急保障等环节的信息化监管还有差距。粮食质量追溯信息化体系还未实现全覆盖，对流通过程中的粮食质量安全问题监管乏力，急需建立完善从田间地头到百姓餐桌的全链条粮食质量安全信息化追溯体系。此外，应急加工企业、配送中心、供应网点、批发市场等纳入信息化建设范围的省份较少，粮库智能安防系统实时可视通讯还未建立，粮食应急配送缺乏过程监控，供应配售缺少监管手段，对粮食应急保障中的信息化监管存在缺位。

三、政策建议

信息化手段是切实有效加强粮食领域监管的重要手段。守住管好"天下粮仓"，务必更好发挥信息技术应用，创新优化监管方式，加快推动从结果监管到过程监管、从现场监管到远程监管、从静态监管到动态监管、从人工监管到大数据监管的深刻转变。

（一）**加快提升基层粮库信息化覆盖率，打造粮食监管的"侦查哨"。**基层粮库是保障粮食安全的前哨阵地，用信息化监管筑牢粮食安全"第一道防线"，意义重大。建议持续推进粮库信息化建设工程，在全国省级粮库信息化平台基本建成的基础上，加大市、县两级粮库信息建设力度，尽快实现全国政策性粮食信息化全覆盖，第一时间报送一线粮情，做到业务全知道、现场能看到，为全国政策性储备粮食提供信息化监管服务，消除粮食监管盲区。

（二）**持续优化粮食信息化系统功能应用，升级粮食监管的"武器库"。**一是强化粮库智能巡检预警功能。采集实时粮情、安防等数据，对粮食数量、质量进行智能巡检，自动校验库存粮食账实相符情况，确保储备粮数量真实，监测预警粮情异常状态，确保储备粮质量良好。二是严格储备粮全生命周期管理。健全粮库系统软件建设，推动粮食库存管理业务全部上线，账、卡、表、簿、单全部电子表格化，对储备粮食采买入库到粮食轮换出库的所有数据自动归集汇总，实现业务环节衔接顺畅、作业过程全程留痕、数据勾稽精准一致、逻辑关系严密闭环。三是提高信息化系统监管的便捷性。从程序能用、系统好用、平台管用三个方面发力，将粮库信息化平台与日常办公系统、统计数据直报系统打通，有效勾稽关联业务数据，自动生成各类表单、自动完成各类统计、共享数据自动上传，随时随地实时查看人、粮、车、门、帐，解决粮库管理人员"不愿用""不会用""用不好"的难题，切实提升粮食监管效率。

（三）**以粮食全产业链监管为目标，不断拓展粮食监管的"新**

疆域"。一是加快建设储备粮食交易数字化监管系统。将粮食交易中心交易数据接入省级粮食信息化平台，勾稽比对承储招标、轮换拍卖等数据，及时对粮食库存、质量、损耗、价差及架空周期等情况进行核实，运用大数据技术对粮食流向等数据进行穿透式追踪，严查"转圈粮""空气粮""升溢粮""损耗粮""价差粮""坑农粮"等违规现象，打击暗箱操作、内外勾结、空进空出等违法行为，确保各级政策性储备粮食按照轮换计划真实、据实执行。二是加快粮食质量安全信息化追溯体系建设。以"十四五"时期新一轮优质粮食工程建设为抓手，在加强储备粮食出入库质量监管的基础上，将质量监管向生产和流通两端延伸，建设"中国好粮油"产品质量追溯体系，建成覆盖粮食生产、收储、加工、运输、消费各环节的粮食质量安全信息化追溯体系，加强粮食流通监管。三是加快推进信息化在粮食应急保障中的监管应用。建设省级粮食应急指挥调度平台，横向联通地方应急管理系统，纵向连接基层粮食储备库点及储备地理信息系统，用好北斗、5G等新一代信息技术，完善供应网点视频监控等功能，加强应急调运粮食的信息化监管，保证应急调用程序规范，调运粮食账目清楚，出库粮食保质足量，配送行程尽在掌控，供给配售公开透明。

（来源：贵州省粮食和物资储备局承担的 2021 年度国家粮食和物资储备局软科学课题《贵州省加强粮库信息化建设提升地方粮食储备监管效能的探索研究》。课题负责人：彭显华，课题组成员：杨光荣、马珊珊、罗永生、范非、郑杰、陈晋、汪佳正、周洪、吴意，中国粮食研究培训中心周竹君摘编，王世海审核）

建立健全在地监管体系
确保中央储备粮安全

中央储备粮是保障国家粮食安全的"压舱石"。2019年5月，中央深改委第八次会议审议通过《关于改革完善体制机制加强粮食储备安全管理的若干意见》（以下简称《若干意见》），标志着深化粮食储备安全管理改革开启新篇章。为加强中央储备粮在地监管，确保数量真实、质量良好、储存安全，确保国家急需时调得动、用得上，国家粮食和物资储备局河北局对辖区内17家中储粮直属企业和6家相关监管部门开展调研，提出了建立健全中央储备粮在地监管体系的对策建议。

一、中央储备粮在地监管现状及问题

（一）**从相关监管部门职能看，部分机构主要职责对在地监管工作的支撑作用不够有力。**《若干意见》明确了有关部门单位对中央储备监管工作的分工。从近两年中央储备在地监管实践看，垂管局、地方局、农发行在地分支机构有较为明确的中央储备监管职责，依职责分工开展在地监管工作较多、主动性较强；其他监管部门的主要职责并无明确的中央储备监管规定，多是依据上级主管部门的指令开展专项监管，与建立健全中央储备在地监管体系的要求相比还有不符合、不适应之处。

（二）**从执法监管联动覆盖面看，联动监管的广度和频度需要进一步优化。**以河北省为例，辖区内执法监管协作部门尚未覆盖中储粮直属企业的全部工作；各级监管部门在执法监管中还存在"单打独斗"的现象；日常监管存在交叉和重复，58.8%的中储粮直属企业同时接受地方粮食行政管理部门、应急管理部门的安全生产检查；17.6%的中储粮直属企业反映各级监管次数和频率比较多，疲于应付检查。

（三）**从问题线索案件移交机制看，监管震慑力有待进一步增强。**垂管局、地方局、农发行之间初步建立了问题线索案件移交机制，但与纪委监委、审计、公安、应急、卫生健康、市场监督管理等部门尚未建立问题线索案件移交机制，信用监管、食品安全等方面在地监管的震慑力还需进一步增强。

二、面临的机遇与挑战

（一）**加强中央储备在地监管面临难得的重大机遇。**一是党中央对粮食安全工作的高度重视，为加强中央储备在地监管提供了根本遵循。习近平总书记把粮食安全作为治国理政头等大事，多次作出重要指示批示和发表一系列重要讲话，强调"要管好用好储备粮，这是保百姓饭碗的粮食""什么时候都不能轻言粮食过关了"。二是国家粮食和物资储备局围绕保障国家粮食安全建立健全一整套完备的法规政策体系，为加强中央储备在地监管提供了强有力的制度机制保障。建立健全中央储备粮油轮换管理、政府储备粮食质量安全管理和仓储管理等系列规章，出台执法督查工作规程、进一步加强粮食储备协同监管等重大举措。新修订的《粮食流通管理条例》由国务院颁布实施，《粮食安全保障法》《粮食储备安全管理条例》正在按程序抓紧推进。三是应对大疫大考做出的突出贡献和"大排查快整治严执法"监管的高压态势，为做好中央储备在地监管提供了良好社会氛围。2020年，面对突如其来的新冠肺炎疫情，粮食和物资储备系统攻坚克难、全力以赴保供稳价，高质量完成了党和人民交给的任务，经受住了多年未有的压力和考验。建立粮食储备管理问责机制，组织开展一系列"大快严"专项行动，严肃查处一批违法违规问题，对涉粮违法违规行为形成了有力震慑。

（二）**加强中央储备在地监管面临不容忽视的挑战**。一是监管队伍能力素质亟待提升。受所学专业、监管实践、工作经验等因素影响，垂管局监管队伍的专业化能力与履职要求还不适应，尤其是财务账务监管能力亟待提升。二是监管经费财政保障存在不足现象。受多种因素影响，中央储备监管经费浮动较大，有的年度不能满足日常监管需要。三是监管手段与监管工作需求不相适应。目前，垂管局采用的是"中央储备粮库存动态监管系统"＋线下实地监管，尚未做到实时动态监管。

三、相关措施建议

着力构建"主体监管＋协作监管＋协同共管"的中央储备在地监管体系，内外联动，实现监管链条全流程、监管内容全覆盖、监管手段信息化、监管效能最优化。

（一）**垂管局切实履行中央储备在地监管主体责任**。处室联动，形成内部监管合力。以粮棉糖监管处事前事中监管和执法督查处事后监管为主，财务审计、安全仓储等部门配合。坚持培养和引进并举，开展涉粮监管第二学历教育，引进相关专业人才，提升独立监管能力和专业化能力。更多采取"双随机一公开"和"四不两直"检查方式，用好中央储备粮库存动态监管系统，探索应用远程实时监管的信息化技术手段。充分发挥12325监管热线作用，实施信用监管，会商市场监督管理、司法机关等部门对失信行为实施联合惩戒。

（二）**建立健全垂管局、地方局和农发行在地分支机构三方协作监管机制，拓展协作广度和深度。**垂管局、地方局和农发行在地分支机构，是中央储备在地监管的主要力量。三方协作监管，涵盖中央储备粮收购、储存、销售、动用的全过程。科学赋能定责。垂管局负责对辖区内中央储备管理和政策执行情况开展监督检查和年度考核，重点监管数量、质量和储存安全，轮换、宏观调控、应急调运等政策执行情况，组织开展年度考核。地方局代表地方政府负责中央储备食品安全和安全生产属地监管，重点监管食品安全、安全生产及收购与销售。农发行在地分支机构负责对中央储备发放的贷款实施信贷监管，重点监管收购资金。实施联合监管。加强日常监管协作，互通监管情况、互联违法违规线索、互认监管结果。遇有重大专项任务，三方共同制定工作方案、组建工作队伍、开展联合行动。共建三方执法监管人才库，实现队伍共建、人才共用、风险共担、成果共享。

（三）**推进3+N协同共管，形成更广泛的监管合力和强有力的震慑。**3+N（垂管局、地方局和农发行在地分支机构＋财政、农业农村、市场监管、应急管理、银保监、审计、司法等其他部门）协同共管机制，核心是建立问题线索和案件移交与协查机制。协同共管的外部联动方式作为三方协作监管的有益补充，会商财政部在地监管局、市场监管、应急管理、卫生健康、司法、纪委监委等部门，各负其责、协同共管，有效加强对中储粮直属企业的财政补贴资金使用管理监管、信用监管、安全生产监管，对失信的中储粮直属企业进行联合惩戒，有效防止《若干意见》明确的禁止性事项发生，一体化推进中央储备在地监管体系建设。

（四）调整监管资金保障方式，建立与监管任务相适应的财政保障机制。《若干意见》颁布后，中央储备粮将全部由中储粮直属企业自储自管，中储粮直属企业对库外储存的中央储备粮的监管完全转变为企业管理，而中央储备等中央事权政策性粮食的在地监管职能由垂管局、地方局等部门承担，现行中央政策性粮食监管费用管理机制与监管工作实际不相适应。建议将原拨付承储企业的监管经费，拨付监管部门统筹使用管理，以更好保障中央储备在地监管经费。

（来源：国家粮食和物资储备局河北局承担的 2021 年度国家粮食和物资储备局软科学课题《中央储备粮在地监管体系研究》。课题负责人：谷国才，课题组成员：路向利、杨炜、张净、刘啸、刘芳、周庄保，中国粮食研究培训中心高丹桂、刘珊珊摘编，王世海审核）

建立健全粮食全产业链质量监管体系
进一步夯实国家粮食安全基础

民以食为天，食以安为先。粮食安全事关国家安全，粮食质量安全是粮食安全的重要一环。建立健全科学高效的粮食全产业链质量监管体系和工作机制，是保障国家粮食安全的必然要求，是系统深化改革、转型发展的重要组成部分。要深入分析粮食质量监管工作存在的短板弱项，切实增强监管合力，强化监管手段，改革完善监管体制机制，加快健全完善全产业链质量监管体系。

一、吉林省粮食全产业链质量监管工作实践

（一）以研发为基础，筑牢粮食质量监管升级的根本保障。吉林省粮食研发的主体单位为各大高校及省农科院的各科研院所。包括以粮食相关专业为特色的吉林省工商学院、以农学为特色的吉林农大，以及其他 30 家农业科研机构和大专院校。这些单位和部门为省内粮食的质量监管提供了科技和基础保障。

（二）以生产为依托，在保量的基础上不断推动质量升级。吉林省粮食产量连年丰收，2020 年全省粮食总产量达到 3803.17 万吨。其中，玉米 2973.44 万吨，水稻 665.43 万吨。省内的普通玉米、鲜食玉米、青贮玉米品种质量较高，受到商品粮市场的欢迎；"好吃、

营养、更安全"的吉林大米正加速走向国内和国际市场。

（三）以购销为重点，使质量监管工作在市场流通中积极有为。在销售和市场流通环节，挂拍的库存粮食统一在粮食交易中心竞价销售，履行出库质量检验职责，粮食行政管理部门、市场监督管理部门等负责在市场流通环节的质量监管工作，定期开展抽检工作，确保食品安全。

（四）以储存为突破，努力实现库存粮食质量绿色高效。依托寒冷气候优势，大力发展低温绿色储粮技术，"内环流"等低温储粮技术应用率居于全国前列，省内仓储企业按照国家粮油储存标准规范，积极做好日常质量监管工作，确保质量安全。

二、存在的问题及原因

（一）多元化监管主体各自为战，监管效能不高。一是部门监管主体多元。粮食在生产、储存、加工等环节的监管主体，分别涉及农业、粮食、市场管理等行政管理部门，不同阶段管理和监管的侧重点和标准并不相同，导致上下游市场流通过程中，相互间衔接不够紧密，存在各自为政的情况，不利于实现全链条的质量追溯。二是行政资源受限，监管压力较大。粮食质量监管工作量大，检测费用高，尤其是处置食品安全指标超标的粮食，地方政府大多无力承担差价和补贴，查清食品指标超标的粮食底数存在较大的困难，超标粮食处置监管存在隐患。三是粮食购销与储存脱节。如，大米的市场流通需求与稻谷储存环节有脱节现象。大米加工企业一般以出米率定价，但稻谷质量国家标准一般以出糙率定等定价，且中央储备稻谷满足三等以上即可储存，但不同品种稻谷混存不利于未来出库过程中销售流通。

（二）**粮食质量监管科技水平不高，质量追溯困难。**一是科技研发能力不足。在种子研发环节，目前玉米、大豆转基因品种主要依靠国外品种，导致源头监管存在困难。二是技术保障能力不足。在日常检测和检验过程中，针对水稻等口粮的农药残留检测还不具有代表性，依然有流入下游市场的隐患。在收储环节，部分企业不具备全面检测农药残留、重金属毒素的条件和能力。三是高素质人才短缺。粮食生产层面，存在"妇老农业"的现象；政府监管层面，机构改革后，地方粮食行政管理部门普遍编制缩减、职能弱化；企业层面，从业人员的年龄结构偏大，学历较低。

（三）**体制机制不适应新形势，亟待改革完善。**一是监测体系依然存在薄弱环节。检测机构仅对检测样本的检测结果负责，不容易发现超标问题。在交易挂拍过程中，未规定交易中心履行复检和复核的责任，超标粮食流向控制存在隐患。二是标准质量和追溯体系不健全。部分国家标准文件，已经不能适用于实际发展，需要及时更新。另外，目前国内粮食行业缺乏统一的产品质量认证标志，粮食产品质量标准参差不齐，标识庞杂，粮食品牌效应不明显。三是粮食安全责任制考核指标体系需优化设计。从考核实践看，目前主要以自评打分为主，存在报喜不报忧情况；考核指标还不够科学细化，尤其是粮食质量监管应在考核指标中进一步优化体现。

三、对策建议

（一）**以粮食安全责任制考核为重点，政府监管工作要进一步聚合力，提效力。**一是深化粮食安全责任制考核。强化属地党委和政府及当地监管部门的责任。赋予垂管系统考核权力，提高考核参与程度，优化考核办法，细化量化考核指标，调整考核比重，将食品安全、质量监管责任细化至各相关厅局，纳入省委省政府督查考核事项，形成监管合力。在国家部委层面建立协调沟通机制，形成层层把关负责的工作机制。二是强化依法监管。高标准制定粮食安全保障法，及时修订相关国家标准规范及文件，更好服务引导粮食质量监管提升和有序流通；大力宣传粮食领域法律法规，特别是最新修订的《粮食流通管理条例》，筑牢全民守法、严格执法、公正司法的基础；要善于运用法律武器，规范执法，严肃处理涉粮案件，涉粮监管部门要切实在粮食质量监测、流通监管中履行职责，确保粮食质量的全过程闭环监管。三是正确处理政府与市场关系。充分发挥市场在资源配置中的决定性作用，提升政府在粮食质量监管中对接市场的整体服务意识、能力和调控水平，推动粮食产业升级提效；统一质检标志，加强质量互认。

（二）围绕"科技兴粮"作文章，监管保障工作要进一步挖潜力，添动力。一是确保要素支撑。加大种源保护力度，优化农药化肥使用，改良田间管理。不断改良仓储方式和仓储条件，实现绿色现代仓储。二是强化科技保障。坚持优种优育，实行种源保护和知识产权保护措施，大力实行粮食地理标志保护，强化优种优育、优存优储，促进优质优价。三是夯实产业基础。筑牢农业发展基础，努力提升粮食生产组织化程度，不断提高良种播种效率和经济效益。优化收储轮换方式，推进节粮减损，提升轮换效益。四是用好监管手段。优化粮食在库监管，努力建设粮食在库实时动态信息化监管平台，实现"穿透式"有效监管。探索"互联网+"模式下的粮食质量全过程监管，应用区块链等新技术新手段，强化源头管控和追溯。建立粮食质量动态监管平台和工作档案，促进粮食质量监管体系提质增效。

（三）聚焦短板弱项，优化改革体制机制要进一步增活力，强实力。一是完善粮食质量监管体制。按照习近平总书记有关重要指示批示精神，紧盯粮食购销领域关键环节的短板、漏洞，研究改革措施，特别是改革粮食质量监管工作体制机制，真正管长远、管根本。二是整合粮食质量监管资源。整合行政资源，配齐优化地方粮食行政部门机构、编制、人员，保障必要的行政资源。优化粮食集中检测和分布式抽检方式方法，提高检测效率。垂管系统要做好区域协同监管，优化质量监管队伍和体系，整合建立跨省、跨区域的大型质量检测中心，由国家财政予以统一保障。三是充分发挥市场在监管中的作用。用好信用监管手段，实行规模化生产企业备案管理，制定"黑白名单"，提高违法违规成本，强化违法处罚和强制执行，建立动态监管和信用监管平台。

（来源：国家粮食和物资储备局吉林局承担的 2021 年度国家粮食和物资储备局软科学课题《我国粮食全产业链质量监测工作存在的问题及对策研究——以吉林省为例》。课题负责人：孟令兴，课题组成员：李景宏、肇恒超、王涛、赵长新、刘冶、王佳兴，中国粮食研究培训中心高丹桂摘编，王世海审核）

加强监管提升中央储备粮效能
需要解决的几个问题

加强中央储备粮监管和考核的根本目的是进一步提升中央储备粮服务国家粮食安全大局的效能。2018 年机构改革后，国家粮食和物资储备局各垂管局紧扣政策执行、储备轮换、问题整改等关键环节，开展中央储备粮监管，发挥年度考核"指挥棒"作用，压实企业主体责任，强化行政监管责任，取得了一定成效。根据近年来中央储备粮监管实践，进一步提升效能还需要解决好以下几个问题。

一、影响中央储备粮效能的几个问题

（一）**质量品质指标有待进一步调整**。集中表现在质量和品质标准与市场需求脱节，既加大轮换销售难度，又影响了储备功能充分发挥。比如，中央储备稻谷"质量良好"考核内容主要是不变质、不霉变，而居民消费要求的质量指标偏向于大米口感和营养；中央储备小麦安全储存的重要指标是不完善粒含量，而面粉加工企业重点关注小麦出粉率、蛋白质含量、面筋含量、面团吸水率等；中央储备玉米安全储存的重要指标是霉变粒含量，而饲料加工企业更加关注蛋白质含量、真菌毒素含量等指标。

（二）优质仓储资源利用率有待进一步提升。"十三五"期间，湖南省辖区内中央储备粮储备仓储设施有了很大改进，新建了一批高标准的现代化粮仓，新增仓容 103 万吨，维修改造老旧仓容近 300 万吨，仓储基础设施功能全面完善、基础设施条件明显提升。目前，17 个直属库形成了粮面压盖、空调控温、智能通风、氮气气调、仓房吊顶等多种科技储粮技术并用的综合控温储粮新局面，空调控温储粮规模增加。但是，优质仓容利用率不足 5%，未有效形成种植、加工、物流一体的优质稻谷产业链。

（三）监管制度手段有待进一步健全。近年来，国家先后制订了《政府储备粮食仓储管理办法》《政府储备粮食质量安全管理办法》等规章制度，对中央储备粮的轮换、质量监管等方面进行了规范。新修订的《粮食流通管理条例》，为依法管理中央储备粮食提供了制度保障，但急需抓紧修订《中央储备粮管理条例》，同时尽快出台《粮食安全保障法》，以更好适应当前供给侧结构性改革和粮食收储制度改革的形势需求。同时，虽然建立了中央储备粮库存动态监控系统，利用科技手段对中央储备粮的粮情、仓内视频图像、业务信息等数据进行集成、分析判断和异常预警，但存在数据抓取不够实时、预警事件判断不够准确等问题，很多功能需进一步优化。

二、提升中央储备粮效能的措施建议

（一）统筹数量和质量，优化粮食储备品种结构，推动粮食产业高质量发展。一是建立数量与质量并重的粮食储备体系，发挥储备连接生产与消费的桥梁作用，结合不同品种市场需求，通过订单生产等方式引导农民规模化连片种植优质粮食，做到"优储适需、储为所用"，带动全产业链高质量发展，实现农民增收、企业盈利、政府节支、消费者获益的四方共赢。二是研发推广节能降耗绿色粮食烘干新技术，大力推行优质粮食分类专仓储存、绿色低温储存，积极应用低温和准低温综合控温储粮技术，降低粮食平均水分散失率和熏蒸用药量，实现优质稻储存"保质保鲜"，满足精深加工需求。

（二）统筹发展和安全，创新粮食储备监管方式，实现更高水平粮食安全。 一是充分运用科技手段。引入大数据、5G、物联网等先进技术，完善全国粮食储备信息管理系统，实现储备粮"可见、可控、可调"。用好中央储备粮库存动态监管系统，及时掌握库存动态发展及其趋势，为建立防控机制、强化层级监督等提供有效支撑。二是建立健全央地协同监管机制。推动垂管局与省局建立全面协同监管战略合作关系，聚焦保粮食安全主责主业，着力构建大粮食、大储备、大统筹、大融合工作格局，加快提升粮食和物资储备领域治理能力现代化水平，全面提升防范化解重大风险和保障国家安全的能力。三是强化粮食全产业链检测能力建设。以深入实施"优质粮食工程"为契机，打造以粮食企业自检为基础、省市县三级粮油监测站监管的区域全覆盖粮食监测体系。建立粮食安全质量追溯体系，加强区域性粮食污染情况监控，加强对超标稻谷收购、流通的监管力度，鼓励粮食企业加强粮食全产业链检测能力建设，实现对粮食质量安全和食品安全从农田到餐桌的全过程的有效监管。

（三）统筹当前和长远，扛稳粮食储备监管责任，筑牢粮食安全防线。 一是继续强化法制建设。加快推动《粮食安全保障法》和《粮食储备安全管理条例》的制修订进程，明确国家粮食储备工作中的责、权、利，让各级粮食行政管理部门和粮食流通企业有法叮依，共同扛稳粮食安全重任。二是提高依法监管能力。准确把握新修订的《粮食流通管理条例》对粮食关键环节管理的重要制度安排，充分认识和把握好条例赋予的监管职责，在工作中切实履职尽责，严格执法监管。三是完善粮食质量标准体系。以市场需求为导向，动态调整拓展储备粮"质量良好"的内涵，将面粉、饲料等加工企业和深加工企业更加关注质量指标、工艺指标作为依据，修订完善粮食质量标准，增加粮食有效供给，满足消费者多元化健康消费需求。

（来源：国家粮食和物资储备局湖南局承担的 2021 年度国家粮食和物资储备局软科学课题《改革完善中央储备粮监管机制，健全粮食安全保障体系研究》。课题负责人：卢东风，课题组成员：文友君、江冰，中国粮食研究培训中心胡耀芳、高丹桂摘编，王世海审核）

提高青藏地区储粮效能
服务国家粮食安全大局

青海、西藏自古以来就是国家安全的战略要地。青藏地区属于农牧业区，主要农作物是青稞、小麦、豌豆等。粮食产不足需，对外依赖程度高。粮食平均运距超过3000公里，给财政和交通造成一定负担，若遇自然灾害或突发事件，粮食调入不及时将直接影响粮食供应，引发社会问题。为此，提高青藏地区储粮效能，提升供给水平，对增强应对重大风险、突发事件和战时需求能力具有重大现实意义。

一、青藏地区粮食供需及储备现状

（一）**粮食供需情况**。青藏地区农业自下而上分为三层：西藏东南部海拔3000米以下的干热河谷，温度条件较好，最热月平均气温为18℃，农作物一年两熟；青海东北至西藏中部，呈半圆形环绕高原核心，最暖月平均气温为10—18℃，作物一年一熟；高原西部、中部最暖月平均气温在10℃以下，以放牧业为主。青藏地区人口约为956万人，大部属牧业区，人均粮食需求量相对典型种植业区低。近五年来，青藏地区粮食年产量约200万吨，年需求量约345万吨，产需缺口在145万吨左右。

（二）**粮食储备现状**。青藏地区位于中国边疆，地处偏远、交通不便，是少数民族聚居区，政治、民族和粮食安全问题交织，复杂且敏感。为维护粮食安全和稳定，目前已形成了中央、省、市、县四级粮食储备体系，以调节粮食供求总量，稳定粮食市场。此外，为保障居民基本生活需求，每年从内地调入大量粮食。

（三）**储备应急保障能力**。青海省仅地方粮食储备规模就能保障全省常住人口半年口粮消费需求；地方储备油规模能保障全省常住人口 48 天食用油消费需求。西藏自治区仅地方储备粮实物规模可保供 99 天。

二、青藏地区粮食耐储性分析

（一）**气候环境分析**。青藏地区是中国的重要生态安全屏障，气候特点是低温、少雨、干燥。大量实验表明，粮食宜存温度在5—15℃，低温状态能增强粮食的稳定性，更好地保持粮食的品质和新鲜度。青海年平均温度是-1—15℃、西藏全年平均温度是 3—17℃。两地的气温适宜，能保持粮食的低温储藏，减少储粮熏蒸次数，对绿色储粮具有极其重要的意义。

（二）**粮食宜存性分析**。青藏地区主要口粮品种为小麦和青稞。通过对河南、青海和西藏三地小麦、青稞样品进行分析，从储存品质相关检验指标看，随着储存时间延长，青藏地区小麦等级、容重、不完善粒、杂质基本维持不变，且色泽气味稳定，各项指标均处于正常水平，一直处于宜存状态。

（三）**粮食耐储性分析**。样品陈化指标和耐储性关键指标专业测试结果显示，长期储藏必然会导致谷物陈化、劣变。河南库储存小麦变化速度均明显快于青海库和西藏库，从而可推测出青海和西藏低温、低湿和低氧环境，对粮食储备具备一定的地域优势。

三、提高青藏地区储粮效能的思路举措

（一）**建立完善物流保障体系**。单纯依靠青藏地区粮食增产不能有效解决区域粮食问题，因此建立完善的粮食储备和交通物流体系，加强与内地及周边国家的贸易合作是提高青藏高原粮食安全的关键。目前青藏地区已经建立了较为完善的储备体系，并形成北、东、南三大粮食运输通道，主要缺粮区通过与周边省市的贸易交流和物资流通弥补粮食缺口。随着"一带一路"倡议的持续实施，可以通过加强与中亚、东南亚粮食生产国的农产品贸易，利用国内和国际两种资源进一步保障区域粮食安全。

（二）**提升科学储粮水平**。根据当地低温、低氧、干燥的环境特点，做好原粮储备管理。一是做好害虫防治。新粮入仓时，采取科学方式首次灭虫后，储存期间一般不需要再次灭虫。二是做好通风。利用通风设备强制粮堆内湿热空气与外界干冷空气进行交换，改变粮堆内的空气状态，提高粮食储藏的稳定性。三是科学保湿锁水。应用低温储粮技术，做好粮堆表面压盖，隔绝粮堆和外界低湿度干空气对流交换，使粮堆长期维持在低温状态，既控制粮堆的储粮害虫，又有效保持粮食水分。

（三）**提升智能粮库管理水平**。通过业务管理系统智能化升级、作业设备自动化改造、自动化设备与信息系统集成，以报表、数据、图像、视频等多种技术手段，展现粮库的经营信息、库存规模、仓房仓容、作业动态、粮情粮温、安防信息等实时数据，利用

标准化、流程化、数字化和智能化手段，全面提升粮库整体管埋水平，提高库存粮油品质，实现科技储粮、绿色储粮。

（四）**就地取材节能增效**。根据相关规定，常规储存条件下，小麦和青稞的储存年限为 5 年，青藏地区用于储备的粮食大部分由外省调入，长距离运输既不经济也不安全，成本加大，企业经济负担加重。通过粮食耐储性试验证明，青藏地区粮食耐储性能优于同一产地、同一年份的内地样品，可适当考虑增加青藏地区粮食储藏年限。

（五）**设置延期储存试验仓**。建议在青藏地区设置少量试试仓，延长其粮食储存年限至 6—8 年。通过对试验仓粮食进行多次试验，了解粮食长时间储存后的各项指标变化情况，探究绿色储粮能否延期储存。同时，在试验仓探索保水措施，解决目前青藏地区粮食储存水份损耗大的问题。为延长青藏地区政策性粮食储存年限，提高青藏地区储粮效能提供更科学、更充分的依据。

（来源：国家粮食和物资储备局青海局承担的 2021 年度国家粮食和物资储备局软科学课题《提高青藏高原储粮效能，构建粮食安全保障体系研究》。课题负责人：孙彪，课题组成员：陈军贤、王龙、冯娅婕、张发超、李小芬、郭亚辉、贾钧彦、张顺先、扎桑、董彩莉，中国粮食研究培训中心胡耀芳、高丹桂、刘珊珊摘编，王世海审核）

强化粮食储备安全监管制度建设
坚决守住管好"天下粮仓"

粮食储备是国家粮食安全的"压舱石"，是确保社会稳定发展的重要物质基础。目前，我国粮食储备安全管理制度体系较为健全，初步形成约束粮食经营主体机会主义行为的制度框架，但也存在着体制机制不完善、监管体系不健全、制度间不协调和监管不到位等问题。尤其是在新冠肺炎疫情防控常态化、消费需求结构升级和供给侧结构性改革深入推进的大背景下，加强粮食储备安全监管制度建设，对强化风险防范，加快实现粮食安全治理能力现代化具有重要的现实意义。通过全面梳理现行粮食储备安全管理制度，深入粮食储备库开展调研，提出进一步优化粮食储备安全管理制度、强化安全监管体系的对策建议。

一、现状特点

2003 年以来，党中央、国务院及有关部委相继出台了一系列法律法规及部门规章来保障国家粮食储备安全。包括《中央储备粮管理条例》《中华人民共和国农产品质量安全法》《粮油仓储管理办法》《中华人民共和国食品安全法》《粮食质量安全监管办法》《政府储备粮食仓储管理办法》《政府储备粮食质量安全管理办法》《粮食流通管理条例》《中华人民共和国反食品浪费法》等。同时，地方也陆续制定相应的配套管理办法。从制度框架看，构建了覆盖全产业链环节的监管框架，建成了中央和地方两级管理制度，内容涵盖质量安全管理、仓储管理和质量安全监管等。从体制机制看，形成中央储备和地方储备、粮食储备和产能储备、政府储备和企业社会责任储备相结合的粮食储备多元化机制，构建覆盖多产业链环节的粮食储备监管体制，完成中央储备粮食三级垂直管理体制改革，强化对粮食储备的监督管理。

二、问题难点

（一）**粮食储备安全监管不到位**。从微观层面看，一是储备粮购销领域内部监管缺位。基层粮库权责不够清晰，规章制度不够健全，购销环节存在寻租现象。二是监管半径过大导致外部监管乏力。上级和同级监督较难覆盖粮食储备购销轮换全过程，带来粮食安全风险。从宏观层面看，粮食储备安全管理的立法体系不完备。现行的粮食储备安全管理制度大多属于部门规章，法律效力层次不高，粮食储备安全管理的规范协调和统筹安排能力受到制约。

（二）**粮食储备质量安全管理部门间衔接不紧密**。地方各级次粮食储备库在储备轮换的信息沟通、时机把握和价格衔接上缺乏有效沟通。地方粮仓粮食质量安全检验制度应在更高区域层面间协作，建立更加灵活有效的长效机制处置被污染的粮食。垂管局与地方粮食和物资储备部门及相关行政管理部门在资源共享、信息交流和人员交叉方面缺乏协同联动，地方储备与中央储备在协同运作点和同向发力上尚未形成有效合力。

（三）**粮食储备主体结构多元缺乏激励机制**。随着城镇化水平快速提升和粮食收储制度市场化改革的深入推进，加上农户非农化和兼业化日益普遍，农民对粮食消费市场依赖程度大大提高，家庭储粮日渐式微。据地方政府网站公开数据显示，截至 2021 年 3 月 31 日，山东郓城县农户户均存粮 520 公斤，而同期河南焦作市温县等地农户户均存粮仅 49 公斤。为有效降低粮食储备风险，实现"藏粮于民"，涵养储粮生态，应建立家庭储粮激励机制，加强引导，以弥补农户储粮不足。

（四）**粮食仓储安全管理制度缺少配套政策**。从监督结构层次看，地方基层粮库仓储安全管理的外部监督执行较为严格，但缺乏内部自我监督能力。从安全管理层次看，地方储备粮的分品种、分区域管理制度实施较好，但还需在分级次分储藏期方面进一步细化管理制度。

（五）**粮食储备数据信息平台融合度低**。粮储企业及储备库的信息网络平台与粮食储备数据缺乏深入融合，全国统筹的粮食储备数据信息化系统尚未建立。仓储物流的用户信息、供求信息、运输信息和库存信息缺乏统筹整合，不利于即时掌握全国粮食物流状况。

三、有关政策建议

（一）**优化粮食储备安全监管制度，打通"任督两脉"**。一要加快推进粮食安全保障立法进程。统筹各级次粮食储备安全管理的法律法规，提升立法层次，完善粮食储备安全立法体系，加快推进地方立法的可操作性和执法实效。二要建立健全粮食储备安全监管部门间协作机制。明确垂管局、地方粮食行政管理部门与粮食储备质量安全抽检部门间的监督检查事项和范围，确保事权清晰、依规办事和高效执法。三要统筹全国储备粮质量安全监管标准。强化监管对象、范围、程序、环节及职能协调等标准的统一规范。四要统筹粮食储备质量安全监督机制。建立"公众参与、社会协同"的多元监督协同机制，突出社会和全链条监督。

（二）**优化粮食储备质量安全检验处置制度，健全联动沟通机制**。健全粮食储备质量安全检验异地抽检制度和被污染粮食柔性处置及追溯制度，确保被污染粮食不流入口粮市场。创新多元化的收购处置方式，坚持全程监督，确保被污染粮食只能用于非食用用途，或扣押查封后集中处置。健全粮食储备质量安全管理部门间协同联动机制，促进地区间交叉管理。建立健全地方各级次粮食储备库间交流沟通机制，共享信息，互鉴经验。

（三）**优化粮食储备主体结构，建立差异化激励机制**。建立健全社会责任储备粮企业主体激励机制，严惩危害粮食储备安全的违法违规行为或机会主义行为，定期奖励忠实履行承储义务且确保质量安全的行为。建立健全家庭储粮和农户储粮激励机制，通过免费供给储粮器皿等方式激励家庭和农户储粮。建立粮食保管费用补贴的指数化和差异化制度，对因自然条件等因素造成的储粮保管费用上升的地区，适用差异化而非"一刀切"的补贴制度。

（四）**优化粮食仓储安全管理制度，精准落实细化升级**。建章立制精准补齐地方粮仓监督短板。细化粮食仓储安全管理制度，按品种、区域、政府级次、储粮技术和仓储期等实施差异化管理。升级粮食仓储环境安全体系标准，实现"高质量、高效益、低污染、低能耗"的粮食仓储管理高效能目标。

（五）优化粮食储备安全管理系统，推进信息化智能化建设。
运用大数据、"互联网＋"、云计算等最新技术，建立与大国地位相符的粮食储备安全信息管理系统，提高智能化程度和统筹层次，为粮食储备的宏观调控、公共服务、国家决策和行业发展提供支撑。建立健全政策性粮食储备信息管理、粮食经营者及粮食储备应急信息管理子系统。实现各子系统的统筹管理和"大平台、大数据、大系统"深度融合，形成储备粮地理信息动态监管和应急指挥调度协同高效运行新态势。

（来源：武汉轻工大学承担的 2021 年度国家粮食和物资储备局软科学课题《我国粮食储备安全管理制度优化研究》。课题负责人：陈会玲，课题组成员：李春贵、王锐、赵国平、李旻晶、吴浩强、沈春盛、张健壮、夏律、文伟，中国粮食研究培训中心胡耀芳、刘珊珊摘编，王世海审核）

第六篇
有效促进
节粮减损

服务粮食绿色仓储提升行动
加快绿色仓储能力建设

加快绿色仓储能力建设，是守住管好"天下粮仓"、保障国家粮食安全的重要举措，是新发展阶段加快推动粮食产业高质量发展的重要抓手。近期，国家粮食和物资储备局正式印发《优质粮食工程"六大提升行动"方案》，对实施粮食绿色仓储提升行动提出了明确要求和试行路径。北京市粮食和物资储备局在分析国内典型地区粮食绿色仓储能力现状的基础上，对北京市的原粮、成品粮仓储现状以及绿色储粮技术应用情况开展实地调研，针对性地提出了粮食绿色仓储能力提升的相关政策建议。

一、国内粮食绿色仓储能力建设的典型实践

浙江省位于我国东部沿海，地处第五储粮生态区 ①，属中温高湿储粮区。为做好绿色储粮工作，在控温储藏方面，主要采取冬季通风蓄冷、夏季利用空调或内环流控温等措施抑制仓温和粮堆温度

---

① 储粮生态区，是指按自然气候、地理条件、耕作制度、粮种的差异等划分的具有不同特点的储粮地域。目前，我国初步划分了 7 个储粮生态区：高寒干燥储粮区、低温干燥储粮区、低温高湿储粮区、中温干燥储粮区、中温高湿储粮区、中温低湿储粮区和高温高湿储粮区。

上升的技术措施。在仓房保温隔热性能提升方面，主要是优化仓房建设环节，多采用双层自呼吸折线形屋面设计、一体式现浇工艺，将动态隔热与静态隔热相结合，保温隔热效果较传统设计仓房有明显提升；同时，综合运用空调控温、横向通风、山墙加设风网传热管道等储粮科技手段，探索采用粮堆"五面控温"技术消除粮堆"冷芯热皮"现象，有效控制了粮温和仓温。在抑制虫害方面，主要采用"氮气气调"储粮技术，辅以食品级惰性粉防护，大大减少了储粮熏蒸频次，部分库点已能够实现零熏蒸，从而达到了100%绿色储粮的目标。在新能源、新材料利用方面，部分库点积极探索仓顶光伏建设，既减少了屋面辐射热、有效阻隔热传导，又可利用太阳能光伏发电为粮库提供清洁能源，降低了储粮成本；同时，与科技企业合作探索开发屋面贴辐射制冷膜材，高效节能降低仓顶和仓间温度，既有利于绿色储粮也能够减少常规机械控温导致的储粮能耗。

四川省位于我国西南部，包含了第一、第五和第六储粮生态区。近年来，积极致力于粮仓保温隔热性能的改造提升，推广采用浅层地能、风冷或水冷空调等综合控温技术措施，有效将粮温控制在低温储藏状态，形成了比较科学完善的"仓房保温隔热改造＋控温储藏"的绿色储粮技术路线，在有效延缓粮食品质变化，抑制储粮害虫、霉菌发生和发展的同时，改善了保管人员的工作环境，降低了一线保管员的工作量，减少了储粮化学药剂使用，降低了粮食仓储费用成本，提高了储备粮轮换销售收益。

广西壮族自治区地处我国南部边疆地区，包含了第五、第六和第七储粮生态区。采用的储粮技术主要有"空调或谷冷控温"和"氮气气调"两种。实践中，在以采用水冷或蒸发冷等冷凝技术的冷却设备降低粮堆温度的基础上，通过空调补冷技术控制仓温，进而实现准低温储粮，有效延缓了脂肪酸值的上升，抑制了储粮害虫和螨类的生命活动；为提升储粮仓房的隔热保温和气密性能，主要采取在仓顶屋面加设石棉瓦、保温彩钢板、遮阳网等措施以阻挡来自仓顶的辐射热，采取仓墙外涂、内贴保温隔热材料并堵塞孔洞、密封门窗等措施以降低仓墙的导热性。在储粮害虫防治方面，以氮气气调技术为主，以食品级惰性粉等防护剂及益螨生物控虫技术为辅，有效减少或替代了常规的储粮熏蒸技术，在改善保管人员的工作环境的同时，减少了储粮药剂使用量，提高了绿色储粮比例。

二、北京市粮食绿色仓储能力建设情况及问题分析

（一）**总体情况**。北京地区位于我国华北平原北部，包含了第二、第四储粮生态区。近年来，积极推进绿色储粮技术研究与应用，先后开展了"北京地区稻谷绿色储藏技术研究及推广应用""装粮高度 8 米的高大平房仓安全储粮新技术集成与应用示范""基于物联网的数字粮库关键技术研究与示范"等项目研究，参与横向通风技术、虫害生物防治技术、储粮生态等国家级科技项目研究，自主开展准低温自动控温技术、内环流通风、食品级惰性粉防虫技术等 40 多项科技创新活动。倡导并大力推广准低温储粮、惰性粉防虫、通风控温降湿等绿色储粮技术，制定了北京市《粮食仓库仓储管理规范》地方标准，大幅减少了磷化铝等化学药剂的使用。目前稻谷普遍采用准低温储藏，实现了 100% 免熏蒸，成品粮储藏技术也在不断优化完善，为保障粮食质量安全、降低储粮成本、减轻环境污染、探索绿色储粮新模式等作出了积极贡献。

（二）**存在问题**。一是现有设施老旧无法满足绿色仓储需要。2010 年后建成仓房仓容仅占总仓容 17%左右，仓房隔热保温性能、气密性有待提升；30%的高大平房仓未配备应用准低温储粮技术所需的制冷空调和内环流设备；气调储藏设备较少，缺乏地区实际使用经验。二是相关技术的滞后制约着绿色仓储行动的开展。目前采用的虫害防治技术仅能满足本地区成熟经验，缺乏对生物防治、气调杀虫等新技术的探索和研究；惰性粉防护剂应用机械化程度低，普遍未采用专用喷施设备和技术。三是现有人员力量难以为绿色仓储行动提供人才支撑。首农食品集团粮油仓储人才队伍中，国家三级（高级）职业资格 45 人、国家二级（技师/检验师）职业资格仅 5 人、国家一级（高级技师/检验师）职业资格仅 4 人，大学本科及以上学历人员仅有约 25%。高技能人才及科技人才缺乏，难以为绿色仓储行动提供强有力的人才支撑。

三、相关政策建议

结合北京地区气候特点和储粮生态区域技术特征，综合分析浙江省、四川省和广西壮族自治区储粮技术应用，建议以浙江省储粮技术应用为参考，在升级改造仓房隔热密封性能的基础上，以准低温储粮和害虫绿色防治为目标，配置和完善储粮技术设施，推进实施"渐进式控温储粮技术"，试点实施充氮气调杀虫技术。

（一）**以绿色仓储为抓手，全面提升科学储粮水平**。在控温储粮方面，以仓房隔热气密性能改造为基础，以机械通风降温、内环流控温和空调补冷为技术手段，推进实施"渐进式控温储粮技术"，采取秋冬季通风降温或低温季节入仓、春季隔热密封保冷的方式，实现冬春季低温储粮；采取储粮内环流控温技术和空调补冷技术，实现夏秋季准低温储粮。采用粮情多参数综合分析研判技术，随时了解和掌握储粮及环境温湿度情况及变化趋势，配合采用局部通风降温、内环流均温和空调制冷等控温储粮技术，保证仓房及粮堆均衡地保持在低温或准低温状态，实现有效抑制储粮微生物和储粮害虫生命活动，减少或避免由储粮微生物和害虫生命活动导致的粮食发热霉变，降低其代谢活动对粮食储存品质的影响并有效抑制粮食呼吸作用，延缓粮食储藏品质变化的目的。

（二）**加强专业人才培养，激发仓储科技创新活力**。建立人才培养使用机制，培养、配备专业的粮食储藏、质量检验技能人才，为各项储粮技术应用创造良好的人才条件，确保技术应用效果。加强与高等院校及相关企业研发机构合作，广泛开展项目研究和试验，利用北京科技人才优势助力北京市储粮技术发展，形成具有北京特色的先进储粮技术、标准、装备、专利成果，为保障首都粮食安全提供科技支撑。

（三）**立足首都长远定位，服务保障首都粮食安全**。提高站位，坚持"首善"标准，把首都粮食安全服务保障工作放在首位，以科技创新绿色储粮技术为支撑，首都粮食高质量发展为引领，加强粮食储备及供应保障体系建设，实现"仓储设施有效改善、储粮技术有效应用、节粮减损有效实施、绿色储粮有效推广、管理水平有效提高、发展质量有效提升"的目标，为保障首都粮食安全充分发挥政府储备的"压舱石"作用。

（来源：北京市粮食和物资储备局、北京首农食品集团有限公司承担的 2021 年度国家粮食和物资储备局软科学课题《北京市粮食绿色仓储能力提升研究》。课题负责人：任昌坤，课题组成员：高玉树、刘小青、任伯恩、刘帅冰、暴瑞冰、蔡奇敏、孙小林，中国粮食研究培训中心刘珊珊摘编，王世海审核）

山东城市居民食品浪费行为调查

今年以来，我国先后发布《反食品浪费法》《全链条粮食节约减损工作方案》《粮食节约行动方案》，不断加大厉行节约、反对食品浪费的工作力度。为贯彻落实《反食品浪费法》及有关规定对制止餐饮浪费行为的要求，减少食物浪费与损耗，课题组以山东省16个城市的居民为抽样调查对象，针对食品浪费进行了个人消费线下实地调查和家庭消费线上问卷调查。

一、食品浪费实地调查

2021年6—8月，对济南、青岛、烟台等16市的居民堂食食物（包括肉、面食、豆类、米制品、禽、奶、蛋等）消费开展实地调查。调查地点包括济南和谐广场、万达广场、贵和商厦，泰安和潍坊的银座商厦，青岛海信广场、万象城、利群商厦等人口密度和人流量较大的餐饮消费地，每个地点均调查禽肉、米制品和面食三类重点食材。正式调查前，调查小组对选定的固定窗口进行调查，对就餐食物的配重进行标准测量和认定。正式调查称重过程中，在固定窗口随机选取就餐的调查对象进行食物损耗浪费数据认定，测算分食材的人均食物浪费率。

本次调查共收集有效问卷 5100 份，共计调查相关食物的称重 13000 份，其中，含有肉禽的食物 691 份，含鸡蛋的 3750 份，含猪肉的 2890 份，含牛羊肉的 1609 份，含豆制品的 1970 份，含米制品的 4230 份，含面食的 3661 份。人均每餐食用 2.55 份相关的就餐食物。

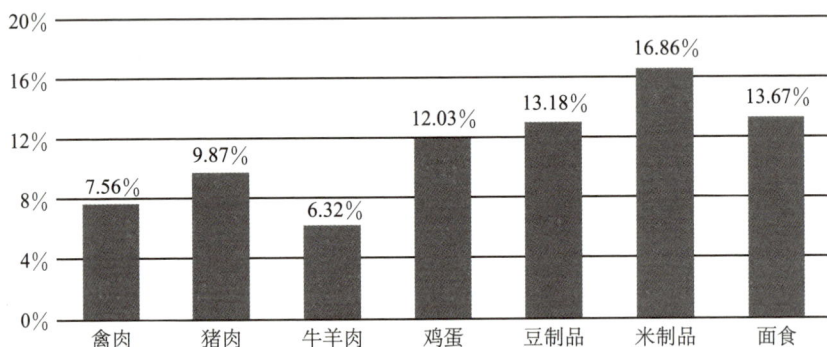

图 1 山东城市居民粮食消费分食材人均浪费率

表 1 山东城市居民粮食消费分食材浪费情况统计表

食材	样本数	平均浪费率	最小值%	最大值%
禽肉	691	7.56%	0	95.00
猪肉	2890	9.87%	0	74.00
牛羊肉	1609	6.32%	0	89.52
鸡蛋	3750	12.03%	0	90.00
豆制品	1970	13.18%	0	11.36
米制品	4230	16.86%	0	12.10
面食	3661	13.67%	0	92.40

结果显示，一是米制品和面类两种主食类食品浪费率较高，其中米制品浪费率最高；二是所有的肉类浪费率较低，其中猪肉高于禽肉和牛羊肉；三是在各调查点都出现豆制品、面食中的馒头、米

制品、鸡蛋购买后直接浪费的调查样本。

二、居民浪费行为线上问卷调查

2021 年 7 月，通过"问卷星"调研平台开展线上调查，收回有效问卷 720 份，覆盖济南、青岛、烟台等 16 市。调查针对个人和家庭两者进行差异性检验，选取个体特征要素中的性别、年龄、婚姻状况、教育水平、月收入水平、是否独生子等 6 个特征要素，针对家庭特征要素中的家庭每月可支配收入、是否需要还房屋贷款、家庭收入人口数、是否有两个及以上孩子等 4 个特征要素，研究其对城市居民浪费行为的影响。个体特征要素中，对性别、婚姻状况及是否独生子女等采用独立样本 T 进行差异性检验，对调查者年龄、教育水平、个人月收入采用单因素方差分析法进行检验；家庭特征要素中，房贷、二孩及以上家庭两个要素采用独立样本 T 检验，城市居民的家庭每月可支配收入、收入人口数要素采用单因素方差检验分析。调查结论如下：

一是城市居民的个体粮食浪费行为在性别、婚姻状况、教育水平方面不存在显著差异，在年龄、收入等方面存在显著差异。年龄方面，25 岁以下及 60 岁以上的山东城市居民粮食浪费行为较少，30—50 岁年龄段的居民粮食浪费行为较为显著。收入方面，月收入 3000 元以下的城市居民粮食浪费行为明显低于其他收入水平，浪费行为随着收入增加呈现明显增高趋势，但较高收入的城市居民浪费行为差异不明显。

二是城市居民的家庭浪费行为在可支配收入、收入人口数、是否有房贷等方面表现出显著差异。可支配收入方面，浪费意愿随收入增加逐渐增强。收入人口数方面，家庭有收入的人口越多，居民浪费行为发生概率越高。房贷方面，有房贷的城市居民浪费行为显著低于不需要还房贷的居民，可能因为房贷压力抑制了居民的粮食浪费行为。二孩及以上家庭要素不存在显著差异。

三、政策建议

（一）**强化法规政策保障**。严格落实《反食品浪费法》《粮食流通管理条例》等法律法规，出台省级层面的反食品浪费条例和粮食节约行动方案。制定坚决制止餐饮浪费的指导意见、绿色餐饮发展的山东标准等，从餐饮浪费的重点环节、主要类型入手，对公共机构、餐饮企业、社会组织、家庭、个人等不同主体分别进行制度规范约束，强化保障措施，积极构建以各层级政府为主导、全民参与、协调推进的粮食节约体系。

（二）**加强节粮减损宣传教育引导**。引导居民养成健康、绿色、理性的就餐习惯，树立正确的粮食消费观，杜绝讲面子排场、铺张浪费等做法。把制止粮食浪费行为作为当前居民精神文明行为养成的重要内容，持续开展反对粮食浪费、提倡节约粮食的宣传活动，在全社会养成厉行节约、反对浪费的良好风尚。制定餐饮行业服务规范和标准，鼓励引导消费者"适量分餐"。

（三）**加强食品消费监测管理**。监督餐饮企业取消"最低消费额"等易造成消费者点餐过量的规定，对违反规定的企业进行曝光和处罚。加强从业人员培训，把节约粮食、反对浪费纳入教育培训内容。鼓励餐饮企业按照居民需求合理配置食品，提供不同规格的餐饮食品供消费者选择，菜单设计体现反对粮食浪费理念，在餐厅醒目位置摆放张贴反浪费标语。建立食品浪费统计监测，定期开展反食品浪费工作评估。

（四）推进厨余垃圾资源化利用。注重提高城市居民家庭饮食垃圾的回收处理和分类，开展餐厨垃圾回收转化科技攻关和政策支撑，在全国城乡推广餐厨垃圾分布式处理，即：政府层面要引导鼓励、推广采用分散式、小型化垃圾处理方式，并对此类餐厨处理站点的管理及投资者要给予相关政策方面的财政支持，提高餐厨垃圾的转化利用。

（来源：山东省粮食和物资储备局"特约调研员"团队承担的 2021 年度国家粮食和物资储备局软科学课题《粮食安全背景下山东城市居民餐饮浪费行为因素的诱发机制及政策建议研究》。课题负责人：刘开田，课题组成员：李光、李延东、魏才奎、郑丽坤、韩玉双、李敏，中国粮食研究培训中心周竹君摘编，王世海审核）

以绿色储粮技术
推进粮库节粮减损提质增效
——以河南省为例

近年来，粮安工程、优质粮食工程等项目的实施，提升了河南省粮库仓房储粮性能、提高了粮食流通效率和节粮减损保障能力。2020年河南省支持地市国有粮食企业建设绿色储粮项目14个，采取氮气储粮和低温储粮等技术改造仓容70万吨，重点支持仓储与物流设施建设、绿色储粮技术推广应用等项目，鼓励校企联合，推进科学储粮技术应用和科技成果转化，以绿色储粮技术应用为载体推进粮库节粮减损提质增效。

一、河南粮食企业开展绿色储粮的主要做法

（一）**仓房密闭性改造**。河南粮投集团对仓房仓顶、仓墙、门窗等进行气密性改造，达到"密、实"要求，实现少通风或保水通风，每年减少水分损耗0.1%；有效保障粮食质量稳定性，减少用药量，实现储粮提质保鲜。中原粮食集团进行仓外墙及屋顶喷涂反射隔热涂料、仓内屋面聚氨酯发泡、安装粮仓专用空调及仓房门窗密闭性能改造，有效降低外温对仓温的影响，使夏季仓温较外温平均低4—5℃，一定程度上延缓虫害发生。同时，选用甲基嘧啶磷

和惰性粉对表层粮食进行喷洒防护，减少对磷化铝熏蒸杀虫依赖，实现了全年免熏蒸。

（二）**实施温控技术。**中原粮食集团应用内环流均温控温技术，冬季采取通风措施降低粮温、储备冷源，夏季通过智能化内环流通风措施，利用粮堆冷心降低表层粮温和仓温。河南粮投集团根据季节特征有针对性地进行保温通风，冬季采取机械通风或自然通风降低粮堆温度，夏季采取山墙排风扇或自然通风排除仓内空间积热，控制粮堆表层温度上升。中储粮河南分公司应用内环流控温技术、空调控温技术、粮面压盖技术、氮气气调技术、薄膜密闭技术，实现"控温、保水、免熏蒸"，结合分区域、分品种、分仓型精准施策，减少粮库仓储环节损耗。开封粮食产业集团对仓房加装充氮气调设备、谷冷设备等，实现部分仓房氮气保鲜储粮。

（三）**建立健全智能化网络。**中原粮食集团建立智能化粮库检测系统，实现粮库管理层对库区内业务数据及时掌握、随时监督，保障储粮安全，实行业务部门工作的标准化、信息化、便捷化。河南粮投集团进行粮库智能化升级改造，涵盖多功能粮情测控、智能出入库、智能安防、通风、熏蒸等方面，已基本实现智能化系统全覆盖。开封粮食产业集团对粮库智能化升级改造，建设了完善的粮库智能管理系统，实现数据互联互通，高效管理粮库收储业务，极大提升安全储粮技防能力。

（四）**推进校企产学研合作。**中原粮食集团积极与河南省粮食院校合作，利用集团仓储条件，及时将专业院校的研究成果进行实仓验证，实施粮食杀虫过程远程监控及效果评估、密闭环流换热通风设备试验等新设备、新技术的实仓试验，为设备的推广使用提供数据支撑，加快科技成果转化应用，通过科学化的管理实现节粮减损。

二、粮库仓储管理节粮减损的制约因素

（一）**基础设施不适应绿色储粮要求。**相对于准低温甚至低温储粮和气调储粮对于仓房设施的要求而言，现有仓房保温隔热和气密性条件绝大部分还有所欠缺，在实际使用过程中还需要大量机械制冷、重复补气等辅助工作，这大大增加了储粮管理成本，实际效果也不及预期。

（二）**绿色储粮设备应用成本较高。**目前通用的充氮气调和空气调节器控温方法费用较高。多数粮食企业依赖政策性业务，经营模式单一、效益不佳、资金短缺，一方面，推广应用储粮新技术，尤其是控温储粮等高投入的粮食储藏新技术存在困难。另一方面，绿色储粮技术后期维护成本较高，许多粮库没有专业的设备维护保养人员，一旦出现问题需厂家维修，尤其是质保期满后，维修费用更高，进一步增加了使用成本。

（三）**绿色储粮所需新型药剂研发滞后。**我国绿色储粮新技术应用药剂更新换代慢，需加快研发。由于科研单位、设备生产企业与仓储企业对接不够充分，缺乏针对仓储管理实际问题进行定制化的绿色储粮所需新药品研发应用。

三、推进粮库仓储管理节粮减损提质增效的建议

（一）**强化基础要素保障。**一是从法律层面强化节粮减损保障，加快推进粮食立法和加强节粮减损监管考核意见制定和相关标准修

订。二是提升粮库收购入库、储存管理、销售出库环节节粮减损硬件设施建设水平和技术管理水平，推广应用新型成套清理设备、新型环保节能材料、新型防护剂等，为粮库节粮减损提质增效提供有力基础设施保障。

（二）**提升科技兴粮兴储水平**。一是提高仓库智能化水平。推进粮食出入库机械设备智能化管理，逐步实现来粮集中清理，直接输送进仓，实现出入库全自动化，减少粮食在出入库过程中的损耗，降低出入库过程的人工成本，改善出入库现场作业环境。二是加强对储粮仓房性能的检测，避免盲目改造。储粮仓房性能的提升改造应根据不同的储粮品种、性质、储藏方法、仓房基础条件等，制定科学、实用的升级改造方案，使其真正达到绿色储粮、科学储粮目的。

（三）**推进关键技术研发**。引导粮食科研院所与粮食储藏设备生产企业以及粮库有效对接，从仓储企业实际需要出发，积极开展粮库节粮减损技术和装备研发，推广内环流与设备调节温度相结合的控温储粮集成技术，支持开发低能耗、高效率的绿色环保烘干设备等，并及时实现成果转化，推动粮库节粮减损储粮技术的推广应用。

（来源：河南省粮食和物资储备局"特约调研员"团队承担的2021年度国家粮食和物资储备局软科学课题《河南省探索以绿色控温储粮技术应用推进节粮减损提质增效研究》。课题负责人：冯伟，课题组成员：王晓彬、刘芳、王青艳、王凯、乔占民、张志贤、王保祥、杨晓娜，中国粮食研究培训中心石光波摘编，王世海审核）

加快推进全链条节粮减损
持续构筑"无形粮田"

受资源环境约束和城乡居民消费升级的影响，我国粮食产需在中长期内仍将保持紧平衡状态。维护国家粮食安全，急需开源与节流并举，既需要建设高产稳产的"有形粮田"，也需要构建全产业链节粮减损的"无形粮田"。本文通过深入分析当前节粮减损面临的主要困难与挑战，从鼓励协同创新应用、抓住减损关键环节、构建政策体系等多个方面，提出推进全链条节粮减损的政策建议。

一、我国节粮减损工作面临的主要挑战

（一）**开展全链条减损存在的困难**。一是粮食收获前后缺乏系统支持。收获前，由于缺少准确的区域天气预报，以致部分农户难以把握最佳收获时间；收获中，由于农机手培训水平还有提升空间，使机械化收割难以发挥最大效用；收获后，机械干燥能力供给与实际需求仍有差距，部分地区仍采用传统露天晒干模式干燥粮食，粮食受污染和受潮霉变的风险依然存在。二是农户科学储粮技术推广应用面临困难。首先，农民节粮意识仍有待提高。部分种粮农民较关心生产技术，粮食储藏技术并不关注。使用编织袋、麻袋等简易装具储粮的现象在农村较为常见。其次，当前储粮装具市场

售后服务与技术指导不到位，农户储粮减损效果大打折扣。此外，农户科学储粮装具缺乏财政资金支持，也成为制约农户储粮装具推广的重要因素。三是开展粮食适度加工面临市场阻碍。城乡居民精细化的消费偏好使粮食加工业陷入"越细越好"的误区，造成了粮食不必要的数量损失和营养流失，市场端需求压力传递到加工端，粮油适度加工技术推广应用难度大。四是粮食运输效率有待提高。主要表现在粮食物流业缺少规模大、水平高、技术尖的模范企业引领，粮食物流园区的集约化程度相对较低；粮食物流技术和服务标准体系还不够完善，粮食运输方式衔接不够紧密，粮食物流公共信息平台作用未能充分发挥。

（二）**全民节粮爱粮行动仍需强化落实。**一是随着收入水平的提高和膳食结构的改变，粮食支出在食物消费中的比重不断下降，人们对粮食的珍惜程度需进一步加强。二是丰富多样的爱粮活动在一定程度上提高了民众的节粮意识，但对参与者行动的带动作用仍然有限。如高校食堂的饭菜浪费仍居高不下，餐饮经营者时常抱有躲过反食物浪费督查的侥幸心理，部分消费者对打包剩菜剩饭既嫌麻烦，又觉得丢面子。

（三）**节粮减损工作推动力需持续加大。**一是粮食减损科技创新活力不足。由于缺乏相应的激励机制和资金支持，粮食企业和其他社会组织对参与节粮减损科技创新活动的热情不高。此外，解决节粮减损科技创新面临的人才短板问题，急需培养一批既了解粮食行业又掌握减损专业技能的复合型人才。二是产后服务体系建设仍有提升空间。由于部分地区在方案安排和资金分配上政策不够均衡，一些优秀的农业经营主体、收储企业、加工企业未能充分发挥各自优势，全力投入产后服务体系建设；产后服务中心在推广储粮新装具和节粮减损新技术、开展绿色仓储提升行动等方面还能够发挥更大作用。三是依法按规节粮的实施效果尚未完全显现。新颁布的《中华人民共和国反食品浪费法》和新修订的《粮食流通管理条例》实施时间不长，节粮减损效果有待时间检验；粮食适度加工标准和粮食产品质量标准体系亟待完善。

二、促进节粮减损、构筑无形粮田的对策建议

（一）**鼓励协同创新应用，促进无形粮田质量提升。**一是设立粮食减损财政专项资金，鼓励科研机构和有实力的粮油企业联合开展节粮减损成套技术及装备研发。如发展热泵和生物质粮食烘干新热源，推进"智慧粮库"和"绿色粮库"建设，攻克温度和湿度较高地区的粮食储运技术难题。二是构建集粮食基础科学研究、新型技术及装备研发应用与推广、战略性技术储备于一体的粮食全产业链技术研发、推广及应用体系，制订粮食产后各环节设备的技术标准和作业标准。三是拓宽现有节粮减损技术覆盖面，依托全国粮食安全宣传活动周等宣传教育阵地，开展多种形式科普及科技推广活动；依托粮食质量监测中心等技术平台，成立"粮食产后减损调查智能评估中心"，在全国范围内设立粮食产后损失固定观察点，动态监测粮食全产业链节粮减损情况，识别粮食产后损失关键点，形成实时数据并及时分析反馈。设置减损专员负责节粮减损技术推广服务和实施成效的督查工作。

（二）**抓住减损关键环节，促进无形粮田结构优化。**一是做好收获前后减损。提前科学确定最佳收获时间，收获中着力解决倒伏粮食和碎片化田地、地块角落粮食收割问题，收获后做好拾遗工作

并提高粮食干燥机械化水平。二是做好储粮减损。进一步完善粮食仓储基础设施，更新和提升粮食仓储技术装备，有条件的地区和粮食仓储企业要尽快实现粮食仓储管理的信息化、智能化和现代化。三是做好加工减损。引导消费者走出"越精细越好"的粮食消费误区，继续推广粮食适度加工。四是做好运输减损。优化运输线路，加快粮食周转率，加强粮食物流园区建设，建设完整的粮食物流体系。

（三）推动产业高质量发展，促进无形粮田规模增加。一是建立和完善粮食产业发展体制机制。将财政支持重点定位于新型粮油加工等领域；打通粮食企业面向资本市场和信贷市场的融资渠道，切实消除粮食产业发展中的资本瓶颈和融资约束。二是对粮食加工业实施战略性调整，逐步建立以大规模企业为主导、以特色中小企业为支撑的粮食加工业体系，组建具有国际竞争力的粮油企业集团，建设粮食加工产业示范园区，促进粮食科技成果转化为生产力。三是重点培育新型粮食物流市场主体，加快推动5G、物联网、大数据和人工智能技术在粮食流通产业的应用，构建完善的粮食流通信息系统。

（四）构建节粮减损政策体系，制度保障无形粮田构筑。一是构建粮食减损治理体系。以政府为主导，以农户、家庭、企业和社会公众为主体，舆论、政策、法律相结合，通过实施重大项目、举办重大活动、推进重大示范，切实提升粮食减损治理能力。二是发挥经济手段的引导作用。落实资源综合利用、节粮减损装备投资等方面的财政补贴、税收优惠政策；加大信贷、证券、债券、基金和保险等金融政策对节粮减损的支持力度。三是明确粮食减损党政同责。将节粮减损成效作为约束性指标纳入"粮食安全责任制"考核体系，明确各级党委和政府在节粮减损领域的目标责任，严格考核问责。四是加强对企业节粮减损的监管。逐步建立粮食产后损失的调查、监测和风险评估制度，对粮食减损率、利用率不达标的企业，综合运用经济手段、行政手段和法律手段进行规制。

（五）**增强节粮减损意识，实现无形粮田可持续发展**。一是创新宣传活动主题和内容。从悠久的农耕文化、饮食文化中汲取相关元素，让爱粮节粮、粮食减损在潜移默化中深入人心。二是丰富宣传教育形式和载体。开展线上线下形式多样的爱粮节粮宣传教育活动，充分利用新媒体调动年轻人参与积极性，积极利用文化艺术形式引导爱粮节粮。三是充分发挥各类粮食消费主体的关键作用。加强中小学学生节粮减损的宣传教育，让学校成为节粮减损的重要基地，让餐饮企业成为减少食物浪费的主力军，让政府和企事业单位成为减少食物浪费的排头兵，让消费者成为减少食物浪费的源动力。

（六）**深度开展国际合作，汲取无形粮田建设经验**。一是围绕《联合国2030年可持续发展议程》确立的粮食减损目标与任务，积极参与联合国粮农组织、世界粮食计划署和国际农发基金会的各类粮食安全和节粮减损的国际合作项目，推动节粮减损形成国际共识。二是利用农业大国和跨国粮商的影响力，积极开展全球范围的减损技术开发和经验交流，以节粮减损、环境友好、低碳减排为要点，在粮食系统构建绿色产业链、绿色价值链和绿色供应链，促进粮食系统转型。三是发挥二十国集团的关键引领作用，在节粮减损的政策对话、科技创新、技术推广、标准制定、人员培训等方面开展广泛的国际合作，将国际经验引进国内，把中国经验带给世界。

（来源：南京财经大学承担的 2021 年度国家粮食和物资储备局软科学课题《促进节粮减损、构筑无形粮田的对策研究》。课题负责人：赵霞，课题组成员：陶亚萍、王晨、刘婷、胡迪、程永波、曹宝明、涂正健、张久玉、翁天玺，中国粮食研究培训中心崔菲菲、高丹桂、刘珊珊摘编，王世海审核）

减少粮食产后损失浪费
切实增强国家粮食安全保障能力

习近平总书记强调，粮食安全是事关人类生存的根本性问题，减少粮食损耗是保障粮食安全的重要途径。为系统研判粮食产后损失总体情况，分析损失浪费特点，找准减少损失浪费的办法，江南大学研究团队从粮食品种、流通模式、流通环节三个方面进行了考察，深入分析了我国粮食产后损失主要原因，提出了相关对策建议。

一、我国粮食产后损失特征

（一）**不同粮食品种的粮食产后损失特征**。我国的种植结构与地域气候，使得粮食品种分布与区域紧密联系。具体来说，东北与内蒙古地区主要生产稻谷、玉米、大豆，华北地区主要生产小麦、玉米、薯类，长江流域地区主要生产稻谷，华南及西南地区主要生产稻谷、玉米，西北地区主要生产小麦、薯类。不同品种粮食在产后收获、干燥、农户储粮、储藏、运输、加工和销售等环节的损失率存在差异，不同粮食品种的综合损失率不同。综合看，水稻产后损失率相对较高。

（二）**不同流通模式的粮食产后损失特征**。从粮食产后流通过程看，可将粮食产后系统划分为农村和城市两个子系统。收获、干燥、农户储粮、加工、销售构成农村粮食产后系统；收获、干燥、运输、储藏、加工、销售构成城市粮食产后系统。总体上看，农村子系统中各粮食品种的粮食损失率均超过城市子系统。主要因为农村的经济支撑力度、设施设备条件、技术工艺水平、人员管理素质等相对较弱，在收获、干燥、加工、销售等重要环节粮食损失控制上，与城市子系统存在较大差距。

（三）**不同流通环节的粮食产后损失特征。**在流通环节，由于自然环境、技术工艺、机器设备、人员管理等原因，不可避免地产生粮食损失现象。比如使用机械设备收割玉米时，较干的玉米粒容易从玉米棒上掉落，如果玉米倒伏，损失进一步增加。干燥环节，粮食面临霉变、碎粒的粮食损失风险。由于极端气候条件、设施技术落后、缺乏科学管理等因素，粮食进入仓储系统后仍不可避免地产生粮食损失。运输和销售环节，粮食损失率会因其运输方式、运输类型、包散形式、运输量、装粮上架方式等有所差异，但不同粮食品种的损失率差异不大。粮食加工环节，由于粮食产品过度加工等因素，使得粮食损失仍然存在。数据显示，大米加工业平均每增加一道抛光工序，出米率降低约 1 个百分点。

二、我国粮食产后损失主要原因分析

（一）**收获方式和气候条件因素。**相较于人工收割，用机器收割水稻，可以实现从稻秆收割直接到脱粒，省去了人工收割情况下的运输以及人工脱粒环节，避免过程浪费。但由于农业机器普及率不高，收割机械精细化程度不够、农机农艺不配套，使得人工收割的传统方式在许多地方仍然存在。储存环节，温度、湿度和氧气条件适宜害虫生长的地区，害虫会大量生长繁殖，蔓延传播，粮食被虫蚀直接造成粮食数量损失、品质下降、营养价值与加工出品率降低。大量害虫在生命活动时散发热量和水分，致使粮食结露、生芽、发热、霉变。鼠害、虫害、鸟类啄食、微生物侵蚀等，会造成粮食数量与质量的双重损失，还通过污染粮食卫生影响人与畜身体健康，降低种子发芽率从而影响农业生产。暴雨高温等极端天气会导致粮食收获、储存、运输环节受潮、腐败、变质。

（二）**仓储技术和设施设备因素**。农户储粮设施老旧，相关机器设备配备不完善，储粮技术水平不高，虫蚀和鼠害现象，是导致农户储粮环节粮食损失严重的重要原因。企业储粮方面，粮食储存设备设施老化问题较为突出，储粮关键技术的研发与应用方面依然薄弱。存储设施简陋和设备老旧会增加虫害、霉变危害发生机率和程度，是储存环节粮食损失浪费的一大主因。调研发现，仓库设施完备、配备防潮地板、使用空调或通风机、配有温度计和摄像头等辅助设备的粮食仓库，粮食损失率较低；而在一些地方，粮食堆放在易潮解的水泥地面，或堆放在隔板上但隔板质量不好的，粮食受潮质变损失较多。

（三）**干燥方式和加工装卸因素**。与传统晾晒方式干燥粮食相比，烘干塔干燥设备虽然干燥速度更快，但无法避免造成粮食碎粒化，加上干燥技术的不成熟以及管理不当等因素，会导致干燥不均衡，使得部分粮食出现发芽、霉变等质量损失。我国粮食加工业整体呈现小而散、发展水平粗放、副产物综合利用水平低、粮食产品过度加工等特点，使得加工环节的粮食损失日益普遍。搬运过程中采用麻袋、塑料编织袋等进行简陋包装或防潮性、阻隔性受限的材料包装，会直接导致粮食洒落、虫害、霉变等损失，而规范包装的粮食损失率较低。装卸过程中对于包装完好的粮食，机械装卸比人工装卸，效率明显较高，损失率明显更低。在销售环节，消费者购买时重点考虑粮食品牌、产地、生产日期、保质期等信息，如果这类标签缺失或模糊，消费者购买意愿不强造成粮食滞销，超过保质期之后也会带来损失浪费。此外，部分商家标注"最佳食用日期"与消费者普遍认知并接受的"过期日期"极易混淆，也会影响消费者决策购买。

（四）**管理水平和人员素质因素**。我国粮食产后供应链中管理人员的粮食安全管理专业知识水平、管理经验、受教育程度等因素，对粮食损失有影响。调查发现，规章制度健全、管理设施较好、管理工作规范的企业，以及男性、年轻、从业时间长的管理者，粮食损失较少。大量使用熟练工可以减少粮食包装、搬运、换库、晾晒等多个环节产后损失。一些企业管理人员素质水平不高，过度追求降低成本，忽视安全储粮要求的管理理念，一些企业和商家将粮食随便堆放在不符合规范要求的地方，导致粮食损失。

三、减少粮食产后损失浪费的对策建议

（一）**全面推广节粮减损新技术，强化科技创新**。开发新型谷物收获机械，增强机械的操控便利性，提高机械化水平，降低小麦、水稻、玉米三大主粮的机收损失率，减少粮食收获环节的损失。鼓励开发移动式绿色环保烘干设备，因地制宜推广绿色新热源，满足粮食干燥需求。推广粮食适度加工技术，开发全谷物食品，避免粮食过度加工，提高粮食的利用率。加快淘汰高耗粮、高

223

耗能、高污染的落后粮食加工能力，提高产品利用率。依托大数据、人工智能等前沿信息技术，完善新一代物流技术体系，优化物流配送线路，提高粮食运输效率。

（二）**布局绿色仓储提升行动，建设智慧粮库**。研制推广多型规模储粮新装具，改善农户储粮条件。构建绿色低温储粮体系，改善现有粮仓的仓储设施，增强气密性、防潮性与隔热性。根据粮食品种、等级、储存性质、水分、有无虫进行分类储藏，提高入库质量。全面加强粮食质量监测体系建设，加快推广运用粮情检测、机械通风、温控报警等储粮新技术，利用电子设备远程日常监控粮温，建设"智慧粮库"，各地方监管部门可以随时动态了解各库粮食数量及质量情况，确保粮食安全，降低粮食存储损耗。

（三）**加快铁路与水陆交通建设，优化基础设施**。综合考虑产销区的地理位置与运粮实际，选择运输方向相同、地点相近且年运量可达 100 万吨的起点、终点和线路，与铁路部门协商定期开出粮食运输专列。强化各种运输方式有效衔接，为粮食运输开通专用的公路通道，加强公铁、铁水联运等运输形式，支持发展第三方粮食物流，进一步优化粮食运输结构。在粮食集中上市、运力相对紧张时段，铁路、粮食部门要制定运输方案，着力保障粮食及加工产品外运，交通运输部门要做好公路通行、应急运输保障和港口粮食转运工作。

（四）**优化粮食供应链管理模式，推进粮食销售链升级**。加快推进粮食产业数字化转型，优化粮食销售链升级和渠道管理，形成粮食从进货、搬运、存储到提供给最终消费者的上、下游组织的紧密网链结构。一方面，向上游延伸形成农产品加工配送中心，配备完善的物流体系和信息系统；另一方面，向下游延伸使其直接面对消费者，及时掌握和分析复杂变化的市场需求，使农产品生产和销售无缝衔接。此外，对粮食产品的仓储、销售等状况进行密切监控，将供应链反映时间尽量缩短，以供应链的无缝化衔接确保将粮食的损失浪费降到最低。

（来源：江南大学承担的 2021 年度国家粮食和物资储备局软科学课题《粮食产后流通水平评估与优质粮食工程推进策略研究》。课题负责人：王建华，课题组成员：钭露露、王舒、肖勇朋、布玉婷、李佳敏、王缘、周瑾，中国粮食研究培训中心高丹桂、崔菲菲、刘珊珊摘编，王世海审核）

后　记

　　2021 年是中国共产党成立 100 周年，也是"十四五"规划开局之年，在我国现代化建设进程中具有特殊重要性，党和国家的大事喜事多，粮食和物资储备领域的要事新事多。中国粮食研究培训中心在国家粮食和物资储备局党组的正确领导下，坚持以习近平新时代中国特色社会主义思想为指导，全面贯彻落实习近平总书记关于确保国家粮食和物资储备安全的重要指示批示精神和党中央、国务院的决策部署，聚焦粮食和物资储备安全核心职能，深入开展"大粮食""大储备"研究，组织系统各有关单位完成了 50 项软科学课题，形成了一批站位高、质量好、针对性强的软科学研究成果，转化运用取得新突破，为服务政策决策、创新思路举措、推动改革发展提供了强力支撑，发挥了咨政辅政的积极作用。

　　为更好地服务决策、推动工作，经国家粮食和物资储备局同意，我们精选 41 篇具有重要参考和实用价值的 2021 年度软科学研究核心成果汇编成册，根据年初确定的研究方向，分为全面加强粮食安全治理制度体系建设、加快推动战略和应急物资储备体制机制改革、深入推进优质粮食工程、全面提升粮食收储调控能力、着力提高管粮管储效能、有效促进节粮减损等 6 方面内容，供关心、关注粮食和物资储备事业发展的各有关单位和同志们借鉴参考。

　　在此，向所有关心和支持此项工作的领导、专家和同志们表示衷心的感谢！不足之处，敬请批评指正。

国家粮食和物资储备局软科学评审专家委员会

中国粮食研究培训中心

2022 年 7 月

责任编辑：刘敬文
责任校对：白　玥
版式设计：杜维伟

图书在版编目（CIP）数据

粮食和物资储备改革发展研究／国家粮食和物资储备局软科学评审专家
　　委员会 编 . — 北京：人民出版社，2022.7
ISBN 978 - 7 - 01 - 024807 - 3

I.①粮…　II.①国…　III.①粮食 - 国家储备 - 研究 - 中国②国家物资储备 -
研究 - 中国　IV.① F324.9 ② F259.21

中国版本图书馆 CIP 数据核字（2022）第 091375 号

粮食和物资储备改革发展研究
LIANGSHI HE WUZI CHUBEI GAIGE FAZHAN YANJIU

国家粮食和物资储备局软科学评审专家委员会　编

人民出版社 出版发行
（100706　北京市东城区隆福寺街 99 号）

中煤（北京）印务有限公司印刷　新华书店经销

2022 年 7 月第 1 版　2022 年 7 月北京第 1 次印刷
开本：710 毫米 × 1000 毫米 1/16　印张：14.75
字数：171 千字

ISBN 978 - 7 - 01 - 024807 - 3　定价：55.00 元

邮购地址 100706　北京市东城区隆福寺街 99 号
人民东方图书销售中心　电话（010）65250042　65289539